Desenvolvimento e aprendizagem em Piaget e Vigotski

CIP-BRASIL. CATALOGAÇÃO NA PUBLICAÇÃO
SINDICATO NACIONAL DOS EDITORES DE LIVROS, RJ

P18d

Palangana, Isilda Campaner
   Desenvolvimento e aprendizagem em Piaget e Vigotski : a relevância do social / Isilda Campaner Palangana. - [6. ed.]. - São Paulo : Summus, 2015.
   176 p.

   Inclui bibliografia
   ISBN 978-85-323-1036-1

   1. Piaget, Jean, 1896-1980. 2. Vigotski, L. S. (Lev Semenovich), 1896-1934. 3. Aprendizagem. 4. Psicologia educacional. I. Título.

15-26541
CDD: 370.15
CDU: 37.015.3

www.summus.com.br

Compre em lugar de fotocopiar.
Cada real que você dá por um livro recompensa seus autores
e os convida a produzir mais sobre o tema;
incentiva seus editores a encomendar, traduzir e publicar
outras obras sobre o assunto;
e paga aos livreiros por estocar e levar até você livros
para a sua informação e o seu entretenimento.
Cada real que você dá pela fotocópia não autorizada de um livro
financia o crime e ajuda a matar a produção intelectual de seu país.

Desenvolvimento e aprendizagem em Piaget e Vigotski

A relevância do social

ISILDA CAMPANER PALANGANA

summus editorial

DESENVOLVIMENTO E APRENDIZAGEM EM PIAGET E VIGOTSKI
A relevância do social
Copyright © 1998, 2015 by Isilda Campaner Palangana
Direitos desta edição reservados por Summus Editorial

Editora executiva: **Soraia Bini Cury**
Assistente editorial: **Michelle Neris**
Capa: **Buono Disegno**
Produção editorial: **Crayon Editorial**

4ª reimpressão, 2024

Summus Editorial
Departamento editorial
Rua Itapicuru, 613 – 7º andar
05006-000 – São Paulo – SP
Fone: (11) 3872-3322
http://www.summus.com.br
e-mail: summus@summus.com.br

Atendimento ao consumidor
Summus Editorial
Fone: (11) 3865-9890

Vendas por atacado
Fone: (11) 3873-8638
e-mail: vendas@summus.com.br

Impresso no Brasil

Sumário

PREFÁCIO 7
INTRODUÇÃO 11

1 A CONCEPÇÃO DE JEAN PIAGET 17
Proposta teórica 17
Pressupostos filosóficos e epistemológicos 34
A relação entre desenvolvimento e aprendizagem 74

2 A CONCEPÇÃO DE LEV SEMENOVICH VIGOTSKI 91
Proposta teórica 91
Pressupostos filosóficos e epistemológicos 113
A relação entre desenvolvimento e aprendizagem 131

3 A RELEVÂNCIA DO SOCIAL NUMA PERSPECTIVA INTERACIONISTA ... 139

CONSIDERAÇÕES FINAIS 165
REFERÊNCIAS BIBLIOGRÁFICAS 171

Prefácio

DESDE QUE ESTE LIVRO foi inicialmente publicado, muito foi dito sobre as proximidades, diferenças e mesmo complementaridades entre dois autores caros à Psicologia: Piaget e Vigotski. Mas esse fato em nada retira a importância desta nova edição de *Desenvolvimento e aprendizagem em Piaget e Vigotski: a relevância do social*, dada a maneira como as ideias de um e outro autor são apresentadas, contrastadas e, finalmente, comparadas. O leitor encontrará, na Introdução, uma boa explicação sobre a estrutura do livro e sobre o que é tratado em cada capítulo. Assim, minha opção, ao escrever o prefácio deste livro, foi contextualizá-lo no tempo em que foi escrito ou, melhor dizendo, no que me lembro de ter vivido durante sua elaboração, ao lado de sua autora.

Éramos as duas, Isilda e eu, muito jovens. Eu tinha acabado de ser contratada para lecionar na pós-graduação em Educação: Psicologia da Educação da PUC-SP, e ela era a minha primeira orientanda. Isilda, por sua vez, dava seu primeiro passo para avançar em sua carreira universitária, vindo de Maringá a São Paulo, para realizar seu mestrado. Para alguém como eu, que se iniciava no ofício e na arte de orientar, ela era um presente dos céus: cheia de energia e de vontade de acertar, bem formada, com pleno domínio da escrita, disciplina intelectual e disposição para inovar. Justamente por suas inúmeras qualidades, deveria eu saber que a tarefa de orientação não seria simples: começamos logo por um estudo teórico, pois Isilda buscava entender as proximidades e diferenças entre autores com propostas muito densas, como é o caso de Piaget e Vigotski.

Lembro-me de minha surpresa com essa escolha porque, ingenuamente, acreditava que os estudos empíricos, cujos dados em geral saltam aos olhos, eram mais compatíveis com trabalhos de mestrado. Mas, em especial, recordo-me do imenso medo que senti, por perceber com clareza que esse era um problema que iria exigir de mim algo que talvez eu não estivesse ainda preparada para dar. Mas a determinação e o ânimo de Isilda reiteraram a minha crença de que ninguém coloca a si mesmo problemas aos quais não seja capaz de dar uma solução.

Assim, nós duas, corajosamente, embarcamos na aventura de estudar e compreender melhor o que nos dizem autores que não aceitam nem que sejamos quem somos porque nascemos assim, nem que sejamos quem somos por determinação do meio em que vivemos.

A experiência de acompanhar Isilda em seu mestrado foi muito prazerosa. Ela já era, naquele momento, uma pesquisadora exigente, criteriosa e incansável. Dedicada, quando tinha dúvidas, voltava a consultar os livros e a estudar os autores. Argumentava com propriedade e sabia justificar seu ponto de vista. Voltava atrás sem pesar, se fosse necessário. Percebia que a crítica externa é sempre inócua, de maneira que buscava entender o ponto de vista de quem escrevia (Piaget ou Vigotski), sem os preconceitos e sem os vieses que naqueles tempos eram tão comuns. Conseguia mover-se com tal facilidade entre as matrizes filosóficas que davam sustentação a cada autor que reconhecia a presença delas seja nos conceitos centrais, seja na forma de articulá-los em suas respectivas teorias. Não podia reclamar nada dessa primeira orientação. Foi um período rico, creio eu, para nós duas, no qual aprendemos muito sobre o que estudávamos e, também, uma com a outra.

Juntas, fomos além de aprofundar nossos conhecimentos em Psicologia e em Educação e descobrimos o que é formar uma dupla produtiva de orientador e de orientando. De fato, essa não é uma aprendizagem simples: de um lado, ela exige, do orientador, respeito e cuidado com a produção do orientando, ciência de que está participando da constituição de um novo mestre, segurança e abertura de espírito para não se sentir ameaçado por isso. Do outro lado, o do orientando, requer confiança no próprio trabalho, perseverança para argumentar e enfrentar críticas, dedicação para cumprir prazos, segurança para perceber-se como um novo mestre e muita, muita, muita garra para assumir esse papel.

Isilda e eu fomos bem-sucedidas na empreitada que nos dispusemos a enfrentar, o que não quer dizer que ela tenha sido nem simples nem fácil. A cumplicidade exigida de parceiros em um trabalho não nos é dada de pronto: é preciso conquistá-la na e pela interação, algo que envolve acertos e desacertos, algumas tristezas, umas poucas lágrimas, bastante entusiasmo e, sempre, muita confiança no outro. E, por incrível que pareça, essa cumplicidade, uma vez alcançada, permanece viva, mesmo com o passar do tempo, pois foram muitos os anos sem que Isilda e eu mantivéssemos contato pessoal. Mas eis que um dia o livro de sua dissertação vai ser reeditado, alguém irá escrever sua apresentação, meu nome virá à tona. E assim, senhoras e senhores, eu, orgulhosamente, tenho o prazer de apresentar a vocês um livro que vale a pena ler, porque ele irá lhes ensinar muito não só Psicologia, ao elucidar as propostas de Piaget e Vigotski, como também Educação, ao apontar as possíveis relações da aprendizagem com o desenvolvimento humano.

Confiem: vocês se aprimorarão profissionalmente, sejam psicólogos ou pedagogos, com o trabalho cuidadoso, preciso e precioso realizado por Isilda. Para os que pretendem ingressar na carreira universitária e encontram-se hoje cursando o mestrado, ele contribui também para aumentar as aspirações, ao mostrar ser possível abordar temas intrincados com sucesso. O caminho da formação de um docente de nível superior não é fácil e modelos são sempre bem-vindos. Sem hesitação, posso dizer que este livro é um desses modelos. Não por acaso ele está sendo reeditado e essa nova edição só reitera o que já foi dito.

CLAUDIA LEME FERREIRA DAVIS
Professora titular do Programa de Pós-Graduação em Psicologia da Educação da Pontifícia Universidade Católica de São Paulo (PUC-SP); superintendente de Educação e Pesquisa da Fundação Carlos Chagas, entre outras atividades acadêmicas.

Introdução

A PRINCIPAL FINALIDADE DE toda estrutura educacional é promover a aprendizagem e o desenvolvimento do ser humano. Isso, por si só, justifica a constante preocupação, não apenas de psicólogos e educadores como de pesquisadores de outras áreas, com a complexa natureza desses processos. Há várias formas de conceber o desenvolvimento e a aprendizagem como propriedades fundamentais do homem, as quais se relacionam com uma multiplicidade de fatores tanto intra e interindividuais, bem como com aqueles referentes às disponibilidades do meio material. Diferentes visões e explicações podem ser adotadas para compreender a forma como o sujeito aprende e se desenvolve. Trata-se, em suma, de reconhecer a presença de posturas teórico-metodológicas divergentes entre si no encaminhamento dessa questão. Não obstante, existe um aspecto básico do qual nenhuma dessas posturas pode prescindir: a aprendizagem e o desenvolvimento do pensamento pressupõem, sempre, uma relação entre o sujeito e o objeto de conhecimento.

Muitas teorias se propõem a explicar como ocorre a aquisição do conhecimento, mas poucas se voltam para a interação entre sujeito e objeto como elemento fundamental no processo de construção e do conhecimento e do próprio homem. Como se sabe, as indagações acerca da natureza humana e da possibilidade de trocas sociais que esta oferece são tão antigas quanto as obras dos grandes filósofos. No entanto, os estudos sistemáticos sobre o peso ou o alcance das interações histórico-

-sociais são recentes, datando da primeira metade do século XX. Nas últimas décadas, observa-se um crescente interesse em retomar essas análises para enfrentar a difícil problemática da educação brasileira. Assim, parte-se do pressuposto de que é na e pela interação social que o homem tem acesso ao saber acumulado por seus antepassados. E que, ao fazê-lo, constitui--se como sujeito.

Nesse sentido, as interações sociais de modo geral e aquelas que ocorrem particularmente no âmbito escolar vêm sendo apontadas como um caminho para incrementar os processos de aprendizagem e desenvolvimento, tornando mais produtivo o impacto da escola na trajetória de vida do sujeito. Para que essa hipótese seja, de modo consequente, orientadora da prática pedagógica, é necessário que os educadores conheçam as diferentes teorias que subsidiam o trabalho dessa natureza.

Na Psicologia, a abordagem interacionista tem em Jean Piaget e em Lev Vigotski dois de seus maiores expoentes. Assim, a análise aqui efetuada de suas concepções, bem como as considerações sobre a identidade e a natureza de suas teses interacionistas, visa contribuir para a apreensão desse quadro teórico de grande importância no âmbito educacional.

Este livro traz reflexões sobre as diferentes posições teóricas da vertente interacionista, a fim de compreender o tratamento dado por cada uma delas ao social como condição determinante no processo de apropriação e superação do conhecimento disponível. O entendimento do tema passa pelos conceitos de desenvolvimento e aprendizagem, pois as posturas pedagógicas derivadas das teorias de ensino estão atreladas à forma como esses fatores são definidos e combinados. Assim, partindo da obra de dois pesquisadores reconhecidamente influentes na pedagogia interacionista, procura-se abordar, do ponto de vista teórico, suas propostas sobre aprendizagem e desenvolvimento, observando sobretudo a relevância do social na constituição desses processos.

Embora sejam autores considerados interacionistas, eles desenvolvem suas concepções apoiados em diferentes paradigmas, o que determina divergências significativas entre elas. Os conceitos, os princípios que denotam uma conduta interacionista, os fatores que condicionam o desenvolvimento e a aprendizagem e, em especial, as implicações do contexto sócio-histórico na constituição desses processos assumem um perfil analítico particular em cada um deles.

Na tentativa de equacionar essa problemática, o primeiro capítulo apresenta resumidamente uma revisão da teoria de Piaget. Embora a concepção piagetiana já tenha sido discutida e analisada em inúmeros trabalhos científicos, livros e teses acadêmicas (Chiarottino, 1984 e 1988; Freitag, 1985 e 1986; Macedo, 1979; Perret-Clermont, 1978; Furth, 1974 etc.), julgou-se conveniente realizar, num primeiro momento, uma síntese dela, a fim de visualizar a totalidade dessa proposta, a qual só pode ser compreendida mediante o desvelamento das bases teórico-metodológicas que lhe dão sustentação. Para tanto, retomou-se a ideia central de alguns sistemas filosóficos e epistemológicos que influenciaram mais intensamente os postulados de Piaget. Com base nesses sistemas, verificou-se de que forma, sob o ponto de vista interacionista, as implicações teórico-metodológicas subjacentes à sua postura o levam a articular desenvolvimento e aprendizagem.

No segundo capítulo, faz-se uma reflexão análoga à do capítulo anterior, porém em relação às ideias de Vigotski. A retomada do modelo teórico desse autor justifica-se pelo fato de sua obra não ser de todo conhecida no meio educacional brasileiro. Durante a primeira metade do século XX, o difícil acesso à bibliografia elaborada por autores soviéticos limitou o contato de profissionais da área de educação com a concepção dos fenômenos psicológicos à luz do materialismo histórico. Portanto, é necessário penetrar no pensamento de Vigotski, considerado um dos maiores nomes da psicologia soviética, a fim de verificar sua posição sobre a constituição e a interdependência entre desenvolvimento e aprendizagem.

Assim, os capítulos iniciais propõem um confronto entre as teorias de Piaget e Vigotski, evidenciando por que os dois interacionistas desenvolvem leituras distintas dos mesmos fenômenos. De fato, as convergências e divergências entre o pensamento deles só podem ser compreendidas pelo entendimento das raízes epistemológicas de suas ideias. Uma vez esclarecido esse aspecto, os processos de desenvolvimento e aprendizagem em Piaget e Vigotski são analisados atentando-se para a origem e a forma como esses fatores estão articulados em ambas as perspectivas. Afinal, as diferentes possibilidades de relações e combinações entre as ideias dos autores podem produzir divergências profundas entre as abordagens consideradas interacionistas, inclusive em relação às práticas pedagógicas resultantes.

Tomando sempre como referencial básico as teorias de Piaget e Vigotski, o terceiro capítulo busca identificar a relevância e o papel que as intenções sociais assumem em cada uma delas. De posse dos fundamentos epistemológicos nos quais ambas se apoiam, e uma vez apresentadas as explicações no que diz respeito à constituição e à interdependência entre os processos de desenvolvimento e aprendizagem, resta caracterizar a conduta interacionista desses autores, implícita em seus modelos teóricos.

É destacando alguns conceitos e princípios norteadores de uma e de outra teoria que se torna possível chegar a uma conclusão quanto ao valor e à função da mediação social para a aprendizagem e o desenvolvimento. Por fim, mostra-se, de forma sucinta, o resultado da análise desenvolvida a respeito das propostas de Piaget e Vigotski, salientando as especificidades epistemológicas de cada teoria e evidenciando a distância entre o interacionismo construtivista de Jean Piaget e o sociointeracionismo proposto por Vigotski.

Acredita-se que este livro possa auxiliar os profissionais preocupados com a questão educacional a repensar a complexa relação que se estabelece entre aprendizagem e desenvolvimento, tendo em vista um entendimento mais aprofundado de duas teorias enquadradas na vertente interacionista.

1
A concepção de Jean Piaget

PROPOSTA TEÓRICA

Jean Piaget (1896-1980) nasceu em Neuchâtel, pequena cidade da Suíça francesa, e desde muito cedo demonstrou interesse pela natureza e pelas ciências. Aos 10 anos, escreveu seu primeiro trabalho científico: um artigo, publicado em uma revista de história natural, em que relata observações feitas com uma andorinha albina. Logo depois, trabalhou como voluntário no Museu de Ciências Naturais de Neuchâtel, mais especificamente no setor de classificação da coleção de zoologia.

Essa experiência, associada aos estudos que desenvolveu sobre moluscos, possibilitou-lhe (em idade bastante precoce) publicar uma série de artigos sobre tais organismos e sobre temas zoológicos afins. Ainda adolescente, iniciou suas leituras nas áreas de filosofia (sobretudo a obra de Henri Bergson), lógica e religião, o que lhe despertou o interesse pela epistemologia, ramo da filosofia relacionado ao estudo do conhecimento.

Piaget licenciou-se em Ciências Naturais, na Universidade de Neuchâtel, em 1915, doutorando-se três anos mais tarde com uma tese sobre os moluscos da região de Valois, na Suíça. Sua formação em biologia levou-o a pressupor que os processos de conhecimento dependiam dos mecanismos de equilíbrio orgânico. Não obstante, seus estudos epistemológicos demonstravam que tanto as ações externas como os processos de pensamento implicam uma organização lógica. Piaget conjugou essas duas variáveis – o lógico e o biológico – numa única teoria e, com isso, apresentou uma solução ao problema do conhecimento humano.

A trajetória profissional de Piaget é longa e extremamente produtiva. Ocupou vários cargos universitários, entre os quais pode-se destacar: professor titular de filosofia da Universidade de Neuchâtel, onde permaneceu de 1925 a 1929, lecionando também psicologia e sociologia.

Segundo ele, a grande dificuldade de criar um modelo teórico capaz de explicar a estrutura do conhecimento devia-se ao fato de que, no campo da filosofia, o procedimento metodológico era demasiadamente intuitivo, especulativo. A biologia, por sua vez, esbarrava na impossibilidade de experimentação. Piaget recorreu, então, à psicologia, tomando-a como base para sua proposta teórica. Por meio dela era possível estabelecer as devidas conexões entre filosofia e biologia, conferindo um caráter científico às observações, já que esta ciência propiciava procedimentos experimentais.

Deixando sua cidade natal, Piaget dirigiu-se inicialmente a Zurique, onde estudou psicologia com Eugen Bleuler e trabalhou com psicologia experimental nos laboratórios da G. E. Lipps e Wreschner. Essa experiência firmou ainda mais suas convicções sobre a importância da psicologia experimental na constituição da epistemologia do conhecimento humano. De Zurique, Piaget foi a Paris, onde estudou filosofia por dois anos, na Universidade de Sorbonne, com Jérôme Lalande, e trabalhou com Alfred Binet e Théodore Simon na padronização de testes de inteligência.

Ao aplicar esses testes a um grande número de crianças, Piaget notou que as respostas erradas, com frequência, eram mais interessantes que as corretas. Observou também que crianças da mesma idade cometiam os mesmos erros, fato que o levou a uma conclusão importante: para compreender o pensamento da criança, era necessário desviar a atenção da quantidade de respostas certas e concentrar-se na qualidade das soluções por ela apresentadas. Daí a ideia central de sua teoria: a lógica de funcionamento mental da criança é qualitativamente diferente da lógica adulta. Logo, era preciso investigar por meio de quais mecanismos ou processos ocorre essa transformação.

Diante dessas constatações, Piaget rejeitou os testes de inteligência padronizados desenvolvidos por Binet e Simon e optou pelo método clínico, inspirado basicamente em dois outros métodos: o experimental e o de interrogação clínica, largamente utilizados pelos psiquiatras contemporâneos (sobretudo Freud e Jung).

Ele logo percebeu que a lógica não é inata; ao contrário, trata-se de um fenômeno que se desenvolve de forma gradativa. Assim, parecia pertinente acreditar no procedimento experimental como meio de descobrir uma espécie de embriologia ou de gênese do conhecimento. O projeto piagetiano de elaboração de uma epistemologia baseada nas ciências positivas foi viabilizado, em 1955, com a inauguração do Centro Internacional de Epistemologia Genética, fundado pelo próprio Piaget, com subsídios da Fundação Rockefeller. Nessa mesma época, Piaget desenvolveu pesquisas sobre a lógica do pensamento infantil, no Laboratório de Genebra. Nos dez anos seguintes, trabalhou na Universidade de Genebra, onde foi professor de história do pensamento científico e diretor-assistente. Mais tarde, atuou como codiretor do Instituto Jean-Jacques Rousseau e diretor do Departamento Internacional da Educação da mesma instituição.

Em 1936, Piaget foi condecorado com o título de Doutor *Honoris Causa* pela Universidade de Harvard. Entre 1939 e 1950, ele voltou à Universidade de Genebra para dar aulas de sociologia, na Faculdade de Ciências Econômicas, onde pouco tempo depois foi nomeado diretor do Laboratório de Psicologia experimental, em substituição a Édouard Claparède. Nos anos que se seguiram, foi presidente da Sociedade Suíça de Psicologia, codiretor da *Revista Suíça de Psicologia*, professor catedrático de psicologia e sociologia na Universidade de Lausane e de psicologia da criança na Sorbonne.

É sabido que o seu desempenho profissional não se esgota nesses feitos. Piaget é dono de uma produção considerável: seus livros e artigos representam uma soma surpreendente – tanto em quantidade quanto em qualidade. A obra piagetiana, comprometida fundamentalmente com a explicitação do processo de desenvolvimento do pensamento, compreende dois momentos. Os trabalhos iniciais atribuem uma importância capital, na estruturação do pensamento, à linguagem e à interação entre as pessoas, revelando, dessa forma, um modelo mais comprometido com o social. Essa postura transparece em seus escritos publicados entre 1923 e 1932, destacando-se em especial: *A linguagem e o pensamento da criança* (1923), *O juízo e o raciocínio da criança* (1924), *A representação do mundo da criança* (1924) e *O julgamento moral na criança* (1932).

Mas, numa segunda etapa, o modelo psicogenético mais difundido hoje, a ênfase da obra de Piaget centra-se na ação e na manipulação dos objetos que passam a constituir, juntamente com a maturação biológica, os fatores essenciais à estruturação do pensamento. Em outras palavras, Piaget orienta sua teorização sobre as estruturas cognitivas para a dimensão lógico--formal. Obras como *Psicologia da inteligência* (1958), *O nascimento da inteligência na criança* (1970), *Da lógica da criança à lógica do adolescente* (1976) e muitas outras demonstram bem esse novo enfoque.

O projeto piagetiano pretende fugir dos caminhos já trilhados pela filosofia, pela epistemologia e pela história das ciências, buscando explicar a gênese do conhecimento segundo uma visão original, ou seja, pelo estudo do desenvolvimento cognitivo da criança. No entanto, Piaget não consegue evitar uma reflexão filosófica, terminando por fazer uma história da consciência, na medida em que demonstra como se dá o processo de conhecimento real, em contraposição ao modelo ideal, platônico, difundido na época principalmente pela filosofia husserliana. Afirmações do tipo "Epistemologia é a teoria do conhecimento válida e, mesmo que esse conhecimento não seja jamais um estado e constitua sempre um processo, esse processo é essencialmente a passagem de uma validade menor para uma validade superior" (Piaget, 1978e, p. 14) atestam o caráter filosófico de sua teoria.

Piaget desenvolveu seu trabalho num período em que os estudos em psicologia estavam orientados basicamente por três concepções: a corrente behaviorista (cujos teóricos foram seus principais interlocutores), a Gestalt e a psicanálise. A psicologia behaviorista norte-americana que se desenvolveu no início do século passado, liderada por John B. Watson, Edward L. Thorndike e, posteriormente, por Burrhus F. Skinner (dentre outros), pretendia solucionar o problema do dualismo cartesiano, reduzindo o homem à sua simples condição de animal, considerando-o como qualquer outro organismo vivo. Nesse sentido, o behaviorismo negligencia a capacidade de simbolização humana, manifestada no comportamento intelectual, emocional, linguístico etc. Privilegiando as condições exógenas, esses teóricos acreditavam que o conhecimento é resultado direto da experiência. Ao dirigirem seus interesses para os aspectos elementares da conduta – os instintos e os hábitos –, os psicólogos behavioristas centraram suas pesquisas no produto da aprendizagem, buscando leis gerais que servissem para descrever, mensurar e controlar o comportamento.

Uma segunda frente teórica, com a qual Piaget se depara e que ocupou cada vez mais espaço nas pesquisas dessa área no início do século passado, é representada pelos psicólogos da Gestalt, mais especificamente, por Max Wertheimer, Wolfgang Köhler, Kurt Koffka e Kurt Lewin. A teoria da forma, ou Gestalt, procurava mostrar que alguns fenômenos perceptivos e intelectuais não podem ser explicados por meio de descrições dos elementos da consciência, tampouco pelas análises comportamentais baseadas na associação estímulo/resposta. Embora exista uma aproximação de natureza epistemológica entre os teóricos da Gestalt e Piaget, suas preocupações em relação ao processo de conhecimento são, definitivamente, divergentes (como pode ser visto mais adiante neste capítulo).

Piaget conviveu ainda com uma psicologia fortemente influenciada pelas ideias de Sigmund Freud. A concepção psicanalítica (que, como Piaget, discorda da psicologia associacionista) questiona a ênfase dada aos processos conscientes, afirmando o papel fundamental do inconsciente para a compreensão do desenvolvimento e do funcionamento da personalidade humana.

Essas e outras concepções psicológicas menos difundidas podem ser pensadas tendo em vista duas perspectivas: a inatista e a ambientalista. No período em que Piaget realiza suas primeiras pesquisas na área, a ciência psicológica mantém como objeto de estudo um sujeito cindido em materialidade e espiritualidade, o que, por sua vez, revela uma divisão na comunidade científica.

Alguns estudiosos, orientados pela filosofia idealista, desenvolviam uma psicologia descritiva de caráter inatista na qual os fatores endógenos eram privilegiados e, portanto, o sujeito se impunha sobre o objeto, levando a crer que o ambiente tem um papel bastante limitado sobre a trajetória de vida do indivíduo. O outro grupo, comprometido com a epistemologia positivista, investia numa psicologia que se propunha a estudar com precisão e a explicar pela causalidade os fenômenos psíquicos elementares, caindo no outro extremo – o ambientalismo –, segundo o qual o objeto se impunha ao sujeito. É, pois, nesse contexto cindido que Piaget se insere e constrói sua teoria psicogenética. Seus pressupostos, ainda que divergentes dos anteriores, trazem as marcas desse dualismo do objeto na ciência psicológica.

Sem perder de vista o propósito de estudar a gênese do conhecimento humano, Piaget, no início de seu trabalho, elaborou, ao mesmo tempo, teoria e método próprios. Ambos mantêm entre si uma relação de reciprocidade, garantida pela duplicidade funcional que caracteriza esse procedimento metodológico: o método clínico-experimental funciona, ao mesmo tempo, como um instrumento de diagnóstico e de pesquisa.

Piaget introduz o método clínico – até então usado somente em clínicas psiquiátricas – na pesquisa psicológica, com o objetivo de obter informações mais precisas sobre o raciocínio da criança ou, em outras palavras, visando estudar como se estrutura o conhecimento humano. Uma das peculiaridades desse método é o diálogo não padronizado, mantido entre o pesquisador e a criança, que permite obter quadros mais reais do pensamento infantil, bem como fugir ao modelo tradicional de entrevistas compostas por perguntas elaboradas previamente. Como lembra Freitag, durante esse diálogo é importante que o pesquisador tenha sempre em mente os objetivos da pesquisa, isto é, sua teoria e suas hipóteses.

> Em cada momento do diálogo ele precisa ter uma hipótese de trabalho clara, para compreender adequadamente as justificativas (verbais) que a criança dá para suas ações e estar em condições de fazer as perguntas certas, que permitam maior aproximação à estrutura cognitiva da criança. No método clínico, o que importa é que as crenças e representações espontâneas da criança sejam corretamente captadas, a fim de se obter aquelas respostas que – do ponto de vista da teoria e do interesse científico – sejam realmente relevantes. (Freitag, 1986, p. 46)

Apesar de, em seus últimos trabalhos, Piaget ter minimizado o papel da linguagem na estruturação do pensamento, ela permanece como fator de extrema importância enquanto via de acesso à reflexão infantil. É por meio da linguagem que a criança justifica suas ações, afirmações e negações; e, ainda, é por meio dela que se podem verificar a existência ou não de reciprocidade entre ação e pensamento e, consequentemente, o estágio do desenvolvimento cognitivo da criança.

A postura teórico-metodológica do autor e suas explicações acerca do desenvolvimento mental podem ser mais bem compreendidas quando se considera a influência de sua formação (em Biologia) na elaboração dos princípios básicos que orientam sua teoria.

Entre os aspectos que Piaget transfere da biologia para sua concepção psicogenética, podem ser destacados: o ajustamento de antigas estruturas a novas funções e o desenvolvimento de novas estruturas para preencher funções antigas. Ambas pressupõem, no desenvolvimento, uma corrente contínua em que cada função se liga a uma base preexistente e, ao mesmo tempo, se transforma para ajustar-se a novas exigências do meio, ocorrendo, então, o que Piaget denomina de adaptação. Assim sendo, segundo o autor, dois princípios básicos e universais da biologia – estrutura e adaptação – encontram-se também presentes na atividade mental, já que, para ele, a inteligência é uma característica biológica do ser humano.

De acordo com Chiarottino, as observações piagetianas sobre o comportamento infantil trazem implícita a hipótese de que, assim como existem estruturas específicas para cada função no organismo, existiriam estruturas específicas para o ato de conhecer, capazes de produzir o conhecimento necessário e universal tão perseguido pela filosofia. Piaget acredita, ainda, que essas estruturas não aparecem prontas no organismo, antes sim, possuem uma gênese que justificaria o contraste entre a lógica infantil e a lógica adulta. Por meio do exercício dos reflexos biológicos, que se transformam em esquemas motores, bem como da ação, a criança constrói, gradativamente, suas estruturas cognitivas que se manifestam numa organização sequencial, chamada por Piaget de estágios de desenvolvimento cognitivo.

Os esquemas, definidos como estratégias de ação generalizáveis, correspondem no comportamento às estruturas biológicas e transformam-se constantemente, evoluindo desde esquemas primários – que derivam diretamente do exercício reflexo – até padrões interiorizados de pensamento ou esquemas operatórios. Assim, o conjunto de comportamentos reflexos do recém--nascido, por exemplo, transforma-se por meio de seu exercício nos primeiros esquemas de ação ou nas estruturas cognitivas identificáveis. Piaget afirma que o importante para o desenvolvimento cognitivo não é a sequência de ações empreendidas pela criança, consideradas isoladamente, mas sim o esquema dessas ações, isto é, o que nelas é geral e pode ser transposto de uma situação para outra. O autor nota ainda que, por ser o esquema concebido como resultado direto da generalização das próprias ações, ele não é, absolutamente, de natureza perceptível.

Como descreve Chiarottino, o conceito de esquema na teoria piagetiana considera os aspectos endógenos e exógenos envolvidos na constituição desse mecanismo. A troca permanente que o organismo estabelece com o meio possibilita tanto as transformações observáveis, que ocorrem no nível exógeno (as quais identificam a formação dos sistemas de esquemas), como as transformações internas ou endógenas (por meio das quais se constituem as estruturas mentais).

É somente na troca do organismo com o meio que se dá a construção orgânica das referidas estruturas.

> O esquema é a condição primeira da ação, ou seja, da troca do organismo com o meio. Ele é engendrado pelo funcionamento geral de toda organização viva, a adaptação. O organismo com sua bagagem hereditária, em contato com o meio, perturba-se, desequilibra-se e, para superar esse desequilíbrio, ou seja, para adaptar-se, constrói os esquemas. (Chiarottino, 1984, p. 34)

Dessa forma, a ação da criança sobre o meio produz um conhecimento funcional cada vez mais complexo, criando, constantemente, novas combinações ou novos esquemas.

Nessa perspectiva, o que se pode perceber é uma estruturação cognitiva progressiva, subjacente às ações da criança, traduzida em classificações ou em seriações empíricas. Quando a criança começa a coordenar seus esquemas, organizando suas ações no espaço e no tempo, surge o que Piaget chama de "lógica das ações", quer dizer, as noções de causalidade, constância de objeto, velocidade, conservação, relatividade, entre outras, das quais deriva a construção do real. Esse funcionamento, que implica a capacidade de estabelecer relações de inclusão, de ordem, de correspondência etc., permite à criança construir sua capacidade lógica, na medida em que atribui significados ao real, primeiramente no plano concreto e, em seguida, no plano abstrato. Daí se conclui que a organização funcional das estruturas mentais não se transmite hereditariamente: é um mecanismo que se desenvolve graças à ação do indivíduo sobre o meio e às trocas decorrentes dessa interação.

Segundo Piaget, as funções de organização e adaptação mantêm entre si uma relação de reciprocidade, constituindo, na verdade, um único mecanismo. A necessidade de complementaridade entre elas é de tal ordem que o pensamento se organiza somente se adaptando ao real, e, organizando-se, estrutura o real.

Além da organização, outro atributo universal, e portanto invariante, da inteligência humana e de todos os organismos biológicos é a adaptação. É por intermédio do mecanismo de adaptação a novas e diferentes circunstâncias que as mudanças nas estruturas mentais são possíveis. A função adaptativa compreende dois processos distintos e complementares: assimilação e acomodação. O primeiro refere-se à incorporação de novas experiências ou informações à estrutura mental, sem contudo alterá-la. Para Piaget (1975, p. 326), "em seu início, a assimilação é, essencialmente, a utilização do meio externo, pelo sujeito, tendo em vista alimentar seus esquemas hereditários ou adquiridos". Por outro lado, a acomodação se define pela reorganização dessas estruturas, de tal forma que elas possam incorporar novos conhecimentos, transformando-os e ajustando-os às novas exigências do meio.

Piaget especifica quatro fatores responsáveis pela psicogênese do intelecto infantil: o fator biológico, particularmente o crescimento orgânico e a maturação do sistema nervoso; o exercício e a experiência física, adquiridos na ação empreendida sobre objetos; as interações e transmissões sociais, que se dão, basicamente, por meio da linguagem e da educação; e o fator de equilibração das ações.

Este último fator, a equilibração das ações, desempenha um papel extremamente importante no processo de desenvolvimento, consistindo no alicerce da teoria piagetiana e sendo, inclusive, necessário para explicar todos os demais fatores. Em seu livro *Psicologia e epistemologia* (1978e, p. 54-55), Piaget explica que o desenvolvimento individual é, na verdade, resultado de atividades múltiplas em seus aspectos de exercício, de experiência e de ação, entre outros. A coordenação dessas ações pressupõe um sistema de autorregulação ou de equilibração que dependerá tanto das circunstâncias como das potencialidades epigenéticas. Dizendo de outra forma, quando assimilação e acomodação estão em harmonia (ocorrem simultaneamente), o sujeito está adaptado, ou seja, em equilíbrio. Na medida em que as estruturas intelectuais disponíveis se tornam insuficientes para operar uma nova situação, ocorrem contradições ou discrepâncias em seu conhecimento atual, acarretando desequilíbrio. Procedendo num movimento espiral, naturalmente, essas estruturas começam a se adaptar às novas circunstâncias, indo em direção a um estado superior e mais complexo de equilíbrio. Piaget denomina esse movimento de "equilibração majorante", uma vez que, ao longo dele, as perturbações cognitivas são superadas. É por meio desse processo interminável de desequilíbrios e novas equilibrações superiores que, no entender de Piaget, ocorrem a construção e a progressão do conhecimento.

De acordo com a concepção piagetiana, o desenvolvimento cognitivo compreende quatro estágios ou períodos: o sensório-motor (do nascimento aos 2 anos), o pré-operacional (2 a 7 anos), o estágio das operações concretas (7 a 12 anos) e, por último, o estágio das operações formais, que corresponde ao período da adolescência (dos 12 anos em diante). Cada período define um momento do desenvolvimento como um todo, ao longo do qual a criança constrói determinadas estruturas cognitivas. Os novos estágios se distinguem dos precedentes pelas evidências, no comportamento, de que a criança dispõe de novos esquemas, com propriedades funcionais diferentes daquelas observadas nos esquemas anteriores.

O aparecimento de determinadas mudanças qualitativas identifica o início de outro estágio de desenvolvimento intelectual. Cada período se desenvolve a partir do que foi construído nos anteriores. A ordem ou sequência em que as crianças atravessam essas etapas é sempre a mesma, variando apenas o ritmo com que cada uma adquire as novas habilidades. Com relação à faixa etária discriminada em cada período, Piaget observa que elas não podem ser tomadas como parâmetros rígidos. Em função das diferenças individuais e do meio ambiente, existem variações quanto à idade em que as crianças atravessam essas fases.

O primeiro estágio denomina-se sensório-motor porque, "à falta de função simbólica, o bebê ainda não apresenta pensamento nem afetividade ligados a representações, que permitam evocar pessoas ou objetos na ausência deles" (Piaget e Inhelder, 1986, p. 11). No recém-nascido, essas atividades são reflexos básicos, mas, na medida em que ocorrem a maturação do sistema nervoso e a interação criança-meio, esses comportamentos reflexológicos vão sendo modificados, e, ao término do primeiro mês de vida, a criança já deverá abordar objetos e pessoas a partir dos primeiros esquemas construídos. Essas construções acontecem com base na coordenação sensório-motora das ações, sem que, para isso, intervenham a representação ou o pensamento.

Piaget destaca que a principal conquista desse período é o desenvolvimento da noção de permanência de objeto. Também é nele que a criança elabora o conjunto das subestruturas cognitivas que orientam as posteriores construções perceptivas e intelectuais.

Em síntese, pode-se dizer que, ao longo dos primeiros dois anos de vida, a criança diferencia o que é dela daquilo que é do mundo, adquire as noções de causalidade, espaço e tempo, e interage com o meio demonstrando uma inteligência fundamentalmente prática, caracterizada por uma intencionalidade e certa plasticidade. Ainda que essa conduta inteligente seja essencialmente prática, é ela que organiza e constrói as grandes categorias de ação que vão servir de base para as futuras construções cognitivas que a criança empreenderá.

Já o segundo estágio do desenvolvimento cognitivo é definido como pré-operatório, e o principal progresso desse período em relação ao antecedente é o desenvolvimento da capacidade simbólica em suas diferentes formas: a linguagem, o jogo simbólico, a imitação postergada etc. A criança não depende mais unicamente de suas sensações e movimentos. Ela dispõe de esquemas de ação interiorizados, também chamados de esquemas representativos, sendo capaz, dessa forma, de distinguir um significante (imagem, palavra ou símbolo) daquilo que ele significa (o objeto ausente), seu significado. Mas, mesmo a criança dispondo de esquemas internalizados, nessa fase ela ainda não dispõe de um fator essencial ao desenvolvimento cognitivo: a reversibilidade no pensamento. Ela não consegue, ainda, desfazer o raciocínio, retornando do resultado ao ponto inicial.

Entre as demais características básicas que identificam a natureza do período pré-operacional, pode-se destacar também a conduta egocêntrica ou autocentrada. A criança vê o mundo a partir de sua perspectiva e não imagina que haja outros pontos de vista possíveis. Desconhecendo a orientação dos demais, a criança não sente necessidade de justificar seu raciocínio diante de outras pessoas nem de buscar possíveis contradições em sua lógica. Daí que uma das principais tarefas a serem cumpridas nesse estágio é a descentração, o que significa sair da perspectiva do "eu" como único sistema de referência. Pelo fato de ser incapaz de descentrar, isto é, de levar em conta aspectos que poderiam equilibrar seus raciocínios distorcidos, ela se fixa apenas em um aspecto particular da realidade. Isso determina, entre outras limitações, um desequilíbrio em seu pensamento conceitual: questões que envolvem aspectos relacionais, tais como seriações e classificações, constituem, assim, dificuldades. Embora grande parte do comportamento diário da criança encontre-se estável e integrada, podem ocorrer, nessa fase, desequilíbrios entre os processos de assimilação e de acomodação. No jogo simbólico, por exemplo, quando a criança assimila um modelo ao seu "eu", predomina a assimilação; enquanto na imitação, em que a criança ajusta sua ação a modelos externos, predomina a acomodação.

Ainda podem ser citadas outras estruturas típicas dessa fase, tais como: o raciocínio transdutivo ou intuitivo, de caráter pré-lógico, que se fundamenta exclusivamente na percepção e vai do particular ao particular (banana verde dá dor de barriga, logo o abacate, por ser verde, também provocará mal-estar); o pensamento artificialista, presente na atribuição de atos humanos a fenômenos naturais (quem faz chover é meu pai); o antropomorfismo ou a atribuição de características humanas a objetos e animais (animais que falam); o animismo, que implica atribuir vida a seres inanimados (a criança julga que a escada é má porque a fez cair); e o realismo intelectual ou a predominância do modelo interiorizado, em detrimento da perspectiva visual (a criança desenha uma figura humana vestida e coloca umbigo).

Apesar de esse período ser definido em termos negativistas, dando ênfase às tarefas que, em geral, a criança dessa faixa etária não consegue cumprir, é nele que se estrutura a função semiótica, habilidade cognitiva fundamental para que se possa trabalhar com as operações lógicas, passando assim para o estágio seguinte.

A fase subsequente é o estágio das operações concretas, assim denominado porque a criança ainda não consegue trabalhar com proposições, ou seja, com enunciados verbais. Dessa maneira, os procedimentos cognitivos não envolvem possibilidades de lógica independente da ação. As ações empreendidas pela criança apenas organizam o que está imediatamente presente, encontrando-se, pois, presas à realidade concreta.

Piaget observa que as operações, ao contrário das ações, sempre implicam relação de troca. Assim sendo, neste estágio operatório concreto, esse fator representa uma condição de extrema importância para a objetividade e a coerência do pensamento, ou seja, para o equilíbrio cognitivo. A tendência para a socialização da forma de pensar o mundo acentua-se ainda mais nesse período, evoluindo de uma configuração individualizada (egocêntrica) para outra mais socializada, em que as regras ou leis de raciocínio (quais sejam, as ditadas pela lógica) são usadas por todas as pessoas. Com o desenvolvimento da capacidade de pensar de maneira lógica – característica desse período –, a criança não apenas busca compreender o conteúdo do pensamento alheio, mas também se empenha em transmitir seu próprio pensamento, de modo que sua argumentação seja aceita pelas outras pessoas.

Nessa fase, o sistema de regulação, até então instável, recupera o equilíbrio entre os mecanismos de assimilação e os de acomodação, quando o pensamento alcança o nível da reversibilidade. O esquema de raciocínio já não supõe uma oposição entre as situações estáticas e as transformações. Agora, a criança está apta para entender que as situações estáticas podem ser subordinadas a transformações, pois compreende que cada estado dos objetos, das situações etc. se concebe como resultado de uma transformação.

O raciocínio transdutivo, típico do estágio anterior, vai sendo substituído por outro mais adaptativo, isto é, pelo raciocínio indutivo. Apreendendo o real, das partes para o todo, a criança manipula operações lógicas elementares que implicam sempre a possibilidade de reconstituição do caminho percorrido pelo pensamento, ou seja, que implicam operações de reversibilidade. Mas, para que esse raciocínio seja possível, é necessário – além da interiorização da ação ou da previsão do resultado – que ao menos uma das propriedades permaneça invariante no decorrer da operação, permitindo, assim, o retorno à situação anterior. Logo, outro conceito desenvolvido nesse estágio, diretamente vinculado à noção de reversibilidade, é o de conservação. Segundo Rappaport (1982, p. 52), esse conceito se refere

> [...] à operação lógica pela qual o sujeito mantém magnitudes e relações, apesar de deslocamentos ou de transformações perceptivas de qualquer natureza. A conservação implica a presença de um sistema de referência fixo,

amplamente independente da percepção, da representação e da informação linguística. Depende, isto sim, da presença de um referencial coerente e organizado de crenças, ou seja, de esquemas conceituais verdadeiros.

Além dessas transformações cognitivas relacionadas, pode-se destacar ainda nesse período: o abandono do pensamento fantasioso, a consequente necessidade de comprovação empírica das elaborações mentais (uma vez que, nesse estágio, a criança ainda não dispõe de estruturas lógico-formais) e a diminuição das atitudes egocêntricas. Observando a reciprocidade entre pontos de vista, nas relações sociais, a criança começa a perceber suas próprias contradições, tendendo à descentração ou à socialização de seu pensamento. Não obstante, existe um egocentrismo, característico dessa fase, sendo estas últimas encaradas como verdades firmemente estabelecidas. Tal conduta será superada somente no estágio seguinte, com a estruturação do pensamento formal.

Como se pode observar, existe, segundo Piaget, uma capacidade crescente de interiorização do pensamento, que se encaminha para as estruturas operatório-formais, tidas como superiores. A criança, nessa etapa, dispõe de uma forma de pensar totalmente desvinculada do mundo factual, englobando em seu pensamento todas as alternativas possíveis.

O último estágio de desenvolvimento mental é o operatório-formal, o qual apresenta como principal característica a distinção entre o real e o possível. Ao contrário do pensamento operatório-concreto, o operatório-formal (ou lógico-formal), liberado das limitações impostas pelo mundo concreto, opera com todas as possibilidades, mesmo que isso contrarie o que foi atestado empiricamente. O adolescente é capaz de pensar em termos abstratos, de formular hipóteses e de testá-las sistematicamente, independentemente da verdade factual. Nesse período, os esquemas de raciocínio, antes indutivos, sofrem importante evolução, manifestada pela incorporação do modelo hipotético-dedutivo.

Dispondo de um campo de equilíbrio infinitamente mais extenso do que nos níveis anteriores e de instrumentos de coordenação bem mais flexíveis, o pensamento adolescente opera por meio da análise combinatória, da correlação e das formas de reversibilidade (inversão e reciprocidade).

A análise combinatória permite que se estabeleça qualquer classe ou relação, pela reunião dos elementos um a um, dois a dois, três a três etc. Essa nova e importante habilidade se manifesta na capacidade que o adolescente apresenta de ultrapassar os encaixes hierárquicos ou os encadeamentos simples dos agrupamentos e de combinar elementos de conjuntos diferentes, a partir dos quais ele constrói outro conjunto. A combinatória é importante na medida em que possibilita uma nova lógica, um novo raciocínio sobre a realidade dada em função de todos os aspectos que comporta e de todas as combinações possíveis. Essa capacidade se estende à combinação de objetos e de proposições. Para tanto, o adolescente utiliza-se da fórmula "falso" ou "verdadeiro" e de operações que até então não dominava, tais como: as relações de implicação, disjunção, exclusão, incompatibilidade e implicação recíproca.

Esses progressos representam as condições necessárias para que se estruture o esquema INRC, composto por quatro tipos possíveis de transformação: Identidade, Negação, Reciprocidade e Correlação. Nesse estágio, os agrupamentos aditivos, multiplicativos e a reciprocidade – que no período anterior não estavam integrados num sistema de conjunto – passam a constituir um todo único, graças à capacidade que o adolescente apresenta de estabelecer combinações entre proposições inversas e recíprocas. Essa habilidade permite, pois, um novo raciocínio: o proposicional, que comporta todas as combinações, incluindo as inversas e as recíprocas. Piaget assinala que não se trata apenas de uma justaposição de operações, mas sim de uma fusão em um todo, na qual cada operação pode ser, ao mesmo tempo, recíproca de uma e inversa de outra, sendo a terceira sua correlativa. Assim se constrói a chamada estrutura de quaternalidade ou função INRC.

O estágio operatório-formal identifica-se ainda pelo desenvolvimento da linguagem como instrumento a serviço da elaboração de hipóteses e da formação do espírito experimental, viabilizada pela aquisição da combinatória, das transformações quaternárias e das estruturas proposicionais.

Em síntese, para Piaget e Inhelder (1986, p. 129), o desenvolvimento mental da criança surge

> [...] como sucessão de três grandes construções, cada uma das quais prolonga a anterior, reconstruindo-a primeiro num plano novo para ultrapassá-la em seguida, cada vez mais amplamente. Isto já é verdadeiro em relação à primeira, pois a construção dos esquemas sensório-motores prolonga e ultrapassa a das estruturas orgânicas no curso da embriogenia. Depois a construção das relações semióticas, do pensamento e das conexões interindividuais interioriza os esquemas de ação, reconstruindo-os no novo plano de representação e das estruturas de cooperação. Enfim, desde o nível de 11-12 anos, o pensamento formal nascente reestrutura as operações concretas, subordinando-as a estruturas novas, cujo desdobramento se prolongará durante a adolescência e toda a vida ulterior (com muitas outras transformações ainda).

Com o desenvolvimento dos esquemas de pensamento lógico-formal, o adolescente terá completado a construção dos mecanismos cognitivos. Contudo, isso não significa que, a partir daí, não haverá novas aquisições de conhecimento. Ao longo das descrições feitas por Piaget sobre a gênese do conhecimento, fica claro que o sujeito tende à descentração maior, ou seja, à lógica na inteligência e à cooperação na conduta e, nesse sentido, avança tanto quanto lhe permite e lhe exija seu meio.

PRESSUPOSTOS FILOSÓFICOS E EPISTEMOLÓGICOS

Jean Piaget, biólogo por formação, ao se interessar por temas filosóficos, propôs-se a escrever uma teoria que respondesse à questão da origem e do desenvolvimento do conhecimento humano – e, inspirando-se na biologia, de fato a elaborou com muita propriedade. Deve-se lembrar, entretanto, que as influências registradas em sua obra não provêm apenas das ciências biológicas. A filosofia kantiana, bem como algumas epistemologias contemporâneas, especialmente a fenomenologia, o evolucionismo bergsoniano e o estruturalismo, exerceram influência decisiva na elaboração dos princípios que compõem a teoria psicogenética.

Tratar dos fundamentos da teoria de Piaget não é uma tarefa fácil. As correntes que orientam um trabalho dessa natureza dificilmente aparecem de forma explícita: a postura filosófica do pensador é algo que está implícito em suas concepções. Além disso, tanto os postulados piagetianos como os modelos filosóficos nos quais estes se embasam guardam em si uma amplitude e uma complexidade difíceis de ser penetradas.

Diante dessas constatações, não se pretende arrolar todos os modelos epistemológicos que, de alguma forma, se relacionam com a teoria de Piaget. Tampouco é possível discutir todas as possíveis aproximações entre esses modelos e a teoria em questão. Assim sendo, essa retomada dos fundamentos teórico-metodológicos nos quais Piaget se apoia para desenvolver seu pensamento relembra alguns postulados desses sistemas filosóficos que se acredita serem suficientes para subsidiarem algumas relações entre Piaget e esses pensadores, de modo que se possa melhor compreender sua proposta e, dentro dela, o papel do social.

Entre os modelos epistemológicos de maior peso na teoria de Piaget, optou-se por deter-se nas ligações mantidas com o pensamento de Immanuel Kant, Edmund Husserl, Henri Bergson e, fundamentalmente, com o estruturalismo. O próprio Piaget admite ter herdado dessas fontes as orientações básicas – inclusive metodológicas – que permeiam toda sua teoria, como atestam alguns de seus escritos, entre eles: *Sabedoria e ilusões da filosofia* (1965), *O estruturalismo* (1968), *Psicologia e epistemologia* (1970), *Epistemologia genética* (1970) e outros.

A INFLUÊNCIA KANTIANA

Vários estudiosos da epistemologia genética, entre eles Zélia Chiarottino e Bárbara Freitag, têm discutido a influência da filosofia kantiana no pensamento de Jean Piaget. É sabido que o autor adotou, na concepção de desenvolvimento cognitivo, o método estruturalista. Não obstante, deve ficar claro que todo o arcabouço teórico que ele constrói depende do conceito de *a priori*, o qual, por sua vez, é emprestado de Immanuel Kant.

Kant desenvolve seu pensamento no contexto do Iluminismo (séculos XVIII e XIX), objetivando resgatar, criticar e superar as duas vertentes que o precederam: o racionalismo idealista (René Descartes) e o empirismo (David Hume).

O confronto entre Kant e essas duas tendências epistemológicas se expressa, basicamente, na discussão sobre a construção do conhecimento, sobre como se dá a relação entre os elementos do universo. Para elaborar seu sistema filosófico, Kant adota do empirismo a necessidade da experiência. Acredita-se que o conhecimento é sempre um fenômeno constituído a partir de impressões sensíveis. Do racionalismo cartesiano, ele resgata a ideia de sujeito como "eu", como estrutura subjetiva, capaz de atividade reflexiva, embora despojado de toda a densidade empírica, psíquica ou metafísica. Ele critica os idealistas afirmando que não se pode passar diretamente da atividade do "eu" (das intuições) à essência das coisas; já a crítica aos empiristas está em acreditar que, igualmente, não se pode concluir, a partir da precariedade da experiência sensível, a impossibilidade do conhecimento universal e necessário. É, pois, a atividade do "eu", do sujeito formal *a priori*, somada às intuições empíricas, que possibilita a construção do fenômeno. A conjugação de ambas as perspectivas – razão e experiência – é a grande síntese feita por Kant, validando a ciência e negando a metafísica.

Segundo o autor, o homem não chega a conhecer a essência das coisas. A construção do fenômeno é o limite máximo ao qual os sujeitos podem ascender. Nesse sentido, a metafísica, tal como existe, não tem valor epistemológico, na medida em que não consegue explicar o fenômeno, ficando presa à busca de sua essência. O maior desafio que se coloca a Kant é trazer a metafísica para a realidade, validando-a como ciência do conhecimento. Para enfrentar essa questão, ele escreve *Prolegômenos a qualquer metafísica futura que possa apresentar-se como ciência* (1783) e, sobretudo, a *Crítica da razão pura* (1781), a fim de expressar certas exigências sem as quais a metafísica não poderia ter existido.

Kant reconhece que, antes dele, o pensamento mais marcante com relação ao destino da metafísica foi a ofensiva de David Hume. Partindo de um conceito extremamente importante para a metafísica, a questão da causalidade, Hume preocupou-se em descobrir se a relação entre causa e efeito era concebida *a priori* pela razão (e, se assim o fosse, ela guardaria uma verdade interior independentemente de toda experiência, tendo, portanto, uma utilidade que transcenderia os limites dos objetos da experiência) ou se, pelo contrário, essa conexão era fundada na própria experiência. Admitindo a hipótese de que a conexão entre causa e efeito surge da repetição da experiência, ele concluiu que a razão se engana ao considerar essas ligações como criações suas. Se a razão tivesse a faculdade de conceber tais conexões, elas não passariam de simples ficções, assim como seus pretensos conhecimentos *a priori* não passariam de experiências mal rotuladas.

A análise kantiana parte de Hume, mas, desde o início, demonstra uma posição divergente. Tomando especialmente o conceito de causa, com o qual Hume havia se ocupado, e deduzindo dele sua validade objetiva, Kant não tem dúvida em afirmar que seu predecessor estava enganado. Esse conceito, como tantos outros da metafísica, não tem origem na experiência. Trata-se, isto sim, de uma forma de pensamento que o homem dispõe *a priori*, cujo uso correto só é possível, entretanto, no interior da experiência. Assim, o filósofo se opõe também aos pensadores racionalistas, que atribuem a causa dos fenômenos a uma inteligência divina. Em seu sistema filosófico, o princípio para a explicação do conhecimento está no homem, nas suas condições *a priori*, e não em um ser superior.

Kant (1783) acredita que, uma vez solucionado o problema de Hume, a próxima tarefa a ser cumprida é "determinar completamente e de acordo com princípios universais o âmbito da razão pura, tanto em seus limites como em seu conteúdo, pois isso era a única coisa da qual necessitava a metafísica para executar seu sistema segundo um plano" (1984, p. 11).

Para ele, o processo de conhecimento implica, de um lado, a existência de um objeto a ser conhecido que suscite a ação do pensamento humano e, de outro, a participação de um sujeito ativo capaz de pensar, de estabelecer relações entre os conteúdos captados pelas impressões sensíveis a partir de suas condições de conhecer, ou seja, a partir da razão.

Na perspectiva kantiana, o processo de conhecimento tem início na experiência. É por meio dela que os objetos tocam os sentidos humanos, produzindo representações que põem em movimento a faculdade ou a atividade do entendimento. Entretanto, isso não significa que o conhecimento se origina da experiência. A atividade do entendimento é apenas provocada por impressões sensíveis, pois a verdadeira fonte do conhecimento consiste nos juízos *a priori*, que se encontram na própria faculdade de conhecimento, ou seja, na razão. Quando Kant escreve a *Crítica da razão pura* (1781), ele define os conhecimentos *a priori* como juízos que se caracterizam por serem necessários e universais: necessários porque a experiência, por si só, não garante a compreensão do fenômeno; e universais, isto é, válidos para todos os casos, porque independem das impressões sensíveis.

Para que se possa compreender o sentido do termo "*a priori*", tão utilizado por Kant – e que se encontra implícito na teoria de Piaget –, é necessário distinguir as duas fontes do conhecimento concebidas por Kant, bem como seus respectivos conteúdos. Independentemente da forma lógica que um juízo ou um conceito possa assumir, ele terá sempre um conteúdo explicativo ou extensivo. O conceito explicativo, também chamado de analítico, é aquele cujo conteúdo nada acrescenta ao conhecido, que apenas contribui para melhor explicitar o conhecimento já construído; são, por assim dizer, juízos elucidativos. O segundo conceito, descrito por Kant como juízo sintético, diz respeito ao conteúdo capaz de ampliar o conhecimento disponível, por referir-se a uma abstração nunca antes feita por ninguém, sendo, portanto, um juízo de ampliação.

Se o juízo *a priori* é aquele que não necessita da experiência empírica para ser validado, que não precisa recorrer a nada além de si mesmo, então pode-se afirmar que todos os juízos analíticos são conceitos *a priori*: por serem de natureza explicativa, as conexões contidas nesses juízos já haviam sido anteriormente pensadas e construídas, bastando-se, nesse nível explicativo, a si próprias, e, ainda que possam ser desmembradas, não serão nunca modificadas em suas essências.

O mesmo não ocorre com os juízos sintéticos. As proposições extensivas podem ser organizadas em duas categorias: a dos juízos sintéticos *a posteriori*, cuja origem é empírica, compreendendo os conceitos oriundos de experiência; e a dos juízos sintéticos *a priori*, que se originam no entendimento puro, referindo-se a um conhecimento intuído pela razão pura, fruto da própria reflexão, gerando conexões totalmente novas.

Como se pode perceber, Kant identifica e propõe a conjugação de duas formas de conhecer o real: a empírica, proveniente da experiência prática; e a intuição lógica, obtida pela razão pura. Segundo Chiarottino (1984, p. 30), "mesmo nos juízos sintéticos *a posteriori*, a razão não recebe tudo do meio como na célebre 'Tábula rasa in qua nihil est scriptum', mas estrutura o real através de formas *a priori* da sensibilidade e do entendimento".

Ao discutir as possibilidades da matemática como produto da razão pura, Kant retoma a questão dos conteúdos sintéticos *a priori* para explicar como é possível chegar à intuição de um objeto sem nunca ter tido contato com ele. Num primeiro momento, parece quase impossível que a intuição, sendo uma representação, possa existir originalmente *a priori*. Mas, sobre essa problemática, Kant (1984, p. 26) diz o seguinte:

> É, pois, de uma única maneira possível que minha intuição precede a realidade do objeto e se produza como conhecimento *a priori*, quando ela nada mais contém do que a forma da sensibilidade que antecede, em meu sujeito, todas as impressões reais pelas quais os objetos se afetam. Com efeito, posso saber *a priori* que os objetos dos sentidos podem ser intuídos segundo esta forma de sensibilidade. Segue-se daí que preposições que se referem apenas a esta forma da intuição sensível serão possíveis e válidas por objetos dos sentidos, e inversamente, que intuições possíveis *a priori*, não podem referir-se jamais a outras coisas que não objetos de nossos sentidos.

Portanto, os juízos sintéticos *a priori* só são possíveis porque as noções de tempo e espaço constituem um requisito necessário e universal da percepção, e porque partem da própria estrutura da razão. Assim, essas noções são, de um lado, anteriores à experiência e, de outro, condição da experiência. Quando se ignoram todas as intuições empíricas calcadas no mundo físico e suas transformações, o que resta são as categorias de tempo e espaço – duas categorias consideradas fontes das intuições puras e que, portanto, funcionam como fundamento de todas as intuições empíricas, por constituírem simples formas da sensibilidade que antecedem a aparição real dos objetos, tornando-a possível de fato. As intuições puras *a priori* não se referem nunca ao conteúdo ou à matéria do fenômeno, antes sim, a sua forma, espaço e tempo.

Segundo Kant, os idealistas obscureceram as categorias de tempo e espaço, reduzindo a sensibilidade a uma simples maneira de representação do real e transformando o mundo sensível em mera ilusão. Ele acreditava que o conhecimento sensível não representa as coisas como elas são, mas o modo como afetam nossos sentidos. As intuições sensíveis fornecem ao entendimento, à reflexão, representações dos fenômenos (ou da realidade) e não as próprias coisas. O objeto equivalente ao esquema intuído só se encontra na experiência: compete aos sentidos intuir e ao entendimento representar, entendendo por representação o ato de conectar percepções sensíveis numa consciência.

De acordo com a filosofia kantiana, todos os juízos de experiência são de natureza empírica. Entretanto, os juízos que permanecem ao nível da percepção possuem validade apenas subjetiva, quer dizer, para o sujeito. Ao passo que os juízos intuídos empiricamente e acrescidos de conceitos particulares, *a priori*, que se originam no entendimento puro, transformam-se em experiência, passando a ter validade objetiva, isto é, reconhecimento universal.

A esse respeito Kant (1984, p. 39) diz o seguinte:

> [...] é necessário, portanto, um juízo antecedente, inteiramente diferente, para que a percepção possa tornar-se experiência. A intuição dada deve ser subsumida sob um conceito que determina a forma do julgar em geral com relação a intuição, conecta a consciência empírica da última numa consciência em geral e, por este meio, confere valor universal aos juízos empíricos; tal conceito é um conceito de entendimento puro *a priori*, que nada mais faz a não ser determinar, em geral, a maneira como uma intuição serve para julgar.

Nessa perspectiva, toda nova percepção só pode ser transformada em experiência objetivamente válida após ter sido submetida aos conceitos particulares, isto é, à razão pura.

Para Kant, a natureza em geral (no sentido material) é acessível ao homem pela sua própria condição como ser sensível, e a natureza no sentido formal (como complexo de regras) lhe é possível pela capacidade de entendimento – a razão, por meio da qual as representações sensíveis devem, necessariamente, ser relacionadas em uma consciência. Se as leis gerais da natureza podem ser conhecidas *a priori* é porque a legislação suprema da natureza encontra-se no próprio homem, em seu entendimento. Kant postula que não se devem buscar as leis gerais da natureza nela própria, por meio da experiência. O raciocínio deve ser exatamente o inverso: derivar a natureza, em sua regularidade universal, unicamente das possibilidades de experiência inerentes à sensibilidade e ao entendimento humano. Assim, as leis universais da natureza são conhecidas *a priori*, independentemente da experiência, e se colocam como fundamento a todo o conhecimento empírico. O entendimento puro não cria suas leis a partir da natureza, antes sim, as prescreve a ela.

Quanto aos limites da razão pura, o modelo teórico proposto por Kant sugere que, embora não se possa formular um conceito além da experiência possível, a procura por esse conceito deve ser constante. Estando a razão pura fundamentada na subjetividade humana, é perfeitamente compreensível que ela nunca se satisfaça completamente e, portanto, não conheça limites. O que a razão humana enfrenta, com frequência, são barreiras, questões que transcendem o mundo sensível – por exemplo, os conceitos metafísicos –, e, nesse caso, recomenda-se admitir esses conceitos na relação com o mundo dos sentidos, buscando conectá-los pela razão. Dessa forma, eles deixam de ser "entes" de entendimento e se tornam fenômenos pensados (pertencentes ao mundo dos sentidos); caso contrário, seriam conceitos desprovidos de significação.

Na filosofia kantiana, o processo de conhecimento guarda em si uma peculiar complexidade. Em poucas palavras, pode-se inferir que ele ocorre da seguinte maneira: as percepções sensitivas captam os dados empíricos de modo caótico e desorganizado; a intuição organiza esses dados, atribuindo-lhes uma forma *a priori*, constituída em função das categorias de tempo e espaço. Já no nível do entendimento, esse conteúdo, que era pura intuição, é flexionado quanto a sua qualidade, quantidade, relações e modalidades, possibilitando assim a construção e a unidade do fenômeno. Além dessa unidade, dada pelo entendimento que se baseia sempre nas intuições, existe uma unidade total e definitiva pretendida pela razão, a qual, agindo sobre os conceitos do entendimento, possibilita a unidade das leis empíricas. A razão não se refere imediatamente à experiência, mas sim ao entendimento, dando aos seus múltiplos conhecimentos unidade *a priori*, mediante conceitos. Portanto, a razão é a faculdade da unidade das regras do entendimento sob princípios.

Nesse processo de conhecimento há um ponto que deve ser destacado: a filosofia kantiana traz implícita uma nova compreensão da relação entre sujeito e objeto.

Os racionalistas acreditam na existência de um acordo entre a ordem das ideias e das coisas, sendo Deus o princípio dessa harmonia. Kant, postulando o primado do sujeito sobre o objeto, afirma que "o fenômeno é aquilo que de algum modo pode encontrar-se no objeto em si mesmo, mas sempre na sua relação com o sujeito sendo inseparável da representação do primeiro" (In: Andery *et al.*, 1988, p. 70).

O entendimento que Piaget tem dessa mesma questão guarda estreitas semelhanças com o raciocínio kantiano. Apesar de enfatizar constantemente em sua teoria o importante papel desempenhado pela interação entre sujeito e objeto na construção do conhecimento, é sabido que ele admite a existência de estratégias (condições) inatas – próprias do sujeito –, por meio das quais têm início o processo de interação e, por conseguinte, o desenvolvimento da estrutura cognitiva.

É possível, ao fazer determinada leitura, enquadrar a produção de Piaget na vertente positivista, dado que o problema do conhecimento, tal como encarado por este, vincula-se estreitamente à observação dos fatos e à epistemologia. No entanto, uma leitura mais cuidadosa pode mostrar que a única relação possível entre os dois sistemas – o piagetiano e o positivista – decorre da preocupação de ambos com fatos positivos.

Vale mencionar, ainda, que o fato positivo para Piaget choca-se com os postulados próprios do positivismo, uma vez que essa epistemologia secundariza a atividade do sujeito, destacando a estipulação e a generalização de leis estabelecidas pela observação de um sujeito que se pretende neutro diante do objeto. Piaget, ao contrário, enfatiza especialmente a atividade do sujeito e a necessidade racional de explicação. Dado esse privilégio do sujeito, é muito mais razoável e acertado aproximar Piaget de Kant. O próprio Piaget admitiu estar envolvido com questões provenientes da filosofia kantiana. Assim como Kant, ele também se preocupa com as condições prévias das quais o ser humano deve dispor para construir seu conhecimento. A esse respeito ele escreve:

> Parece geneticamente evidente que toda construção elaborada pelo sujeito supõe condições internas prévias, e neste sentido Kant tinha razão. [...] a se querer atingir um *a priori* autêntico deve-se reduzir cada vez mais a "compreensão" das estruturas de saída e que, no limite, o que subsiste como necessidade prévia se reduz apenas ao funcionamento: é, com efeito, o que constitui a origem das estruturações. (Piaget, 1978c, p. 62)

O funcionamento cognitivo ao qual Piaget se refere é constituído, basicamente, pelos mecanismos de adaptação e de organização presentes em todos os seres vivos desde o nascimento, como dito anteriormente. Logo, pode-se inferir que esses dois mecanismos universais definem o *a priori* piagetiano. É com base no sistema de adaptação – operado pelos processos de assimilação e acomodação – que os esquemas de ação se desenvolvem.

O esquema, como já foi explicado, é a condição primeira da ação; é por meio dele que a criança realiza as trocas com o meio ambiente e desenvolve seu pensamento. O sistema de organização, por sua vez, é responsável pela constante estruturação e reestruturação dos novos esquemas desenvolvidos. O conteúdo da organização, como funcionamento, não é transmitido hereditariamente. Ela prossegue como uma condição necessária à construção do conhecimento. Em seu texto "Epistemologia genética" (1978a), Piaget ressalta a natureza construtivista do que está sendo convencionado como *a priori* psicogenético. Ele reforça que os instrumentos operatórios do sujeito nascem, graças à ação, no interior de um sistema material que determina suas formas elementares. Portanto, para Piaget, o apriorismo funcional não exclui, em absoluto, a possibilidade de o conhecimento ser construído na interação entre sujeito e objeto.

Segundo o autor, a estrutura cognitiva possui uma lógica de funcionamento que é necessariamente um *a priori*, na medida em que depende dela a construção do conhecimento. Posto isso, é possível traçar um paralelo entre Kant e Piaget, argumentando que, para o primeiro, o *a priori* é absolutamente transcendental, enquanto para o segundo esse *a priori* adquire conotações biológicas, orgânicas. Por outro lado, ainda que tais argumentos sejam pertinentes, fica patente que, em ambos, o *a priori* cumpre sempre a mesma função: ele é condicionante, ou melhor, possibilitador da própria construção do conhecimento. Quando Kant desenvolve a categoria do juízo sintético *a priori*, cumpre uma das mais difíceis tarefas que impôs a si mesmo: conjugar a razão e a experiência e, a partir daí, construir uma epistemologia cuja noção de sujeito do conhecimento satisfizesse uma dupla função – a capacidade de construção infinita e a estruturação da experiência. O juízo sintético *a priori* equaciona essa problemática, na medida em que justifica a noção de construção e, ao mesmo tempo, a anterioridade lógica da razão em relação à experiência. Não é difícil perceber a importância dessas ideias sobre as pesquisas de Piaget, no que se refere ao seu entendimento o real e o possível, bem como sobre o papel do sujeito na construção do conhecimento. A anterioridade lógica ou análise das condições, entendidas como aquilo que deve existir previamente para que algo se realize (por exemplo, a necessidade do aparecimento da capacidade de distinguir o significado do significante, para que a criança aprenda a falar), parece ser uma herança que Piaget trouxe de Kant.

Segundo Chiarottino, outra ideia que Piaget desenvolve a partir da epistemologia kantiana diz respeito ao processo de aquisição do conceito e à importância da tomada de consciência nesse processo. Essa influência pode ser mais bem explicitada retomando-se uma passagem de Kant citada por Chiarottino (1984, p. 31):

> Em todo conhecimento, é preciso distinguir a matéria, isto é, o objeto, e a forma, isto é, a maneira pela qual conhecemos o objeto. Se, por exemplo, um selvagem vê uma casa ao longe e não sabe para que ela serve, a sua representação da casa enquanto objeto não é menos exata que a de um homem que sabe perfeitamente que ela é destinada à habitação humana. No entanto, do ponto de vista da forma, o conhecimento do mesmo objeto é diferente para os dois homens. Para o primeiro, é uma simples intuição; para o outro é intuição e conceito. A diferença na forma de conhecimento repousa sobre uma condição que acompanha todo conhecimento: a consciência. Se tenho consciência da representação, ela é clara; se não tenho consciência, ela é obscura. [...] Seguramente se produz alguma coisa antes que uma representação se torne conceito. [...] Uma representação não é ainda um conhecimento, é o conhecimento que pressupõe sempre a representação. E esta última não se deixa absolutamente definir.

Citando ainda Chiarottino, há muito de Kant em Piaget quando este trata da questão da linguagem. Retomando o conceito kantiano sobre a faculdade de julgar – que a define como a capacidade de conceber o particular como algo contido dentro do geral –, observa-se certa coincidência entre esse juízo e a descrição piagetiana sobre a formação de conceitos. Tanto em um como em outro, compreender as relações estabelecidas entre o indivíduo e o meio ambiente é condição para a aquisição do conceito. No pensamento de Kant, a modalidade do juízo não diz respeito ao conteúdo do conhecimento, mas sim à sua estruturação. Logo, ele pressupôs a existência e a validade dessa estrutura a toda inteligência humana. Dessa forma, Kant parece estabelecer as possibilidades que um indivíduo tem de predicar, possibilidades essas que antecedem o aprendizado de qualquer língua e também se colocam como condição para que esse aprendizado ocorra. Aqui, pode ser vista alguma semelhança com o que pensa Piaget sobre essa questão: ele também está interessado na capacidade de predicar do ser humano e concorda que a capacidade de julgar coincide com a formação de conceitos. Prova disso são suas observações sobre as fases do desenvolvimento afetivo e social da criança, esclarecidas pelos estágios do processo evolutivo interno, que compreende desde a inteligência sensório-motora até a inteligência conceitual. Partindo do sistema kantiano, Piaget opera algumas transformações com relação à atividade de construção, própria do sujeito epistêmico, dissociando o *a priori* das noções de anterioridade cronológica e de nível. Em Kant, essa construção é inteiramente dada no início do processo, enquanto Piaget atribui ao sujeito epistêmico uma capacidade de construção muito mais fecunda e mais distante de uma harmonia preestabelecida. Mas nem por isso ele se distancia do espírito do kantismo. Sobre essa questão, Freitag (1985, p. 21) diz:

> Como Kant, Piaget rejeita o empirismo ingênuo, que acredita num contato não mediatizado entre o sujeito e o real, e admite, como Kant, que o conhecimento se dá a partir de um *a priori*, que ordena a experiência, mas não pertence ao campo da experiência. No entanto, esse *a priori* não é mais um invariante antropológico, presente desde o início, e sim o produto de uma construção. O "esquematismo" da razão pura é substituído pelos "esquemas psicogenéticos", adquiridos no curso de uma história individual, através da interiorização das ações, em níveis cada vez mais complexos e mais abstratos.

Considerando que para Piaget os elementos básicos que caracterizam o processo de conhecimento – tempo, espaço, constância do objeto, causalidade, reversibilidade, correspondência, entre outros – são construídos gradativamente, ao longo das etapas do desenvolvimento, pode-se usar a linguagem de Kant e afirmar que tanto as formas *a priori* da sensibilidade – tempo e espaço – como as categorias *a priori* do entendimento – por exemplo, a causalidade – são resultados, para Piaget, de um processo de elaboração e maturação que abrange desde o nascimento até a adolescência.

Quando Piaget desvela os mecanismos da construção e da gênese da estrutura INRC, ele recupera, de forma extremamente científica, a problemática levantada por Kant em sua teoria do conhecimento. Outros estudiosos que se ocupam da teoria piagetiana, como Freitag, já haviam percebido que a combinatória, característica do pensamento formal, desempenha no indivíduo adulto um papel semelhante ao das formas e categorias *a priori*, em Kant, quando organizam os dados da experiência sensível, possibilitando a faculdade de julgar. Sem ignorar a natureza psicogenética da explicação elaborada por Piaget sobre as categorias do conhecimento, bem como as preocupações empírico-científicas que permeiam toda a sua obra e a especificidade filosófica do registro de Kant, pode-se afirmar que, enquanto este último descreve o estágio terminal do processo de conhecimento, Piaget ocupa-se com o processo completo, estudando a construção do conhecimento desde os primeiros estágios até o pensamento adulto.

Não há dúvida quanto à competência e ao êxito da epistemologia genética em elucidar parte do enigma das construções *a priori* de Kant. Com o intuito de determinar as condições de todo conhecimento possível, Piaget retoma a problemática kantiana, buscando explicar as relações entre lógica, linguagem e pensamento à luz da biologia e da concepção do ser humano como um animal simbólico.

A CONTRIBUIÇÃO DA FENOMENOLOGIA HUSSERLIANA

A epistemologia kantiana não é a única a que Piaget recorreu para fundamentar alguns de seus princípios. Ao escrever sobre o falso ideal de um conhecimento supracientífico, característico de certas filosofias que marcaram o século XIX e julgavam-se donas de um conhecimento superior, *sui-generis*, Piaget tece algumas considerações sobre possíveis ligações entre sua teoria e a fenomenologia de Edmund Husserl. Portanto, é a partir das afirmações feitas pelo próprio autor que se pretende sistematizar algumas dessas aproximações.

Certamente a influência de Husserl sobre as ideias de Jean Piaget não foi, absolutamente, tão determinante como o pensamento de Kant. Mesmo porque Piaget já havia dado início aos seus trabalhos em psicologia da cognição quando tomou contato com a obra de Husserl. Não obstante, algumas características em comum podem ser levantadas.

A fenomenologia, originária dos postulados de Edmund Husserl, nasceu no século XIX como uma contestação ao método experimental, especialmente como um instrumento a serviço das ciências do homem, em particular da psicologia. Preocupado em estabelecer a filosofia numa base sólida e de racionalidade incontestável, tal como exigia uma fundamentação rigorosa e científica, Husserl forneceu ao movimento fenomenológico--existencial seu instrumento metodológico de formulação. Ele desenvolveu um sistema epistemológico caracterizado pelo dinamismo intencional e por uma consciência sempre aberta, em que os conceitos devem permanecer num constante devir: prontos a alterações que podem ocorrer em função dos novos níveis de análise fenomenológica.

A fenomenologia ocupa-se, fundamentalmente, com a descrição pura da realidade, ou seja, do fenômeno entendido como aquilo que se oferece ao olhar intelectual. Estudar o fenômeno significa descrever os fatos vivenciais do pensamento, oriundos da observação "pura" (despida de preconceitos). Em outras palavras, significa estudar a constituição do mundo na consciência.

Uma vez que o fenômeno só existe como realidade intuída, a relação entre sujeito e objeto, que se dá no interior da consciência, é de natureza indissociável: sujeito e mundo não existem independentes um do outro. A consciência humana é sempre intencional, ou seja, é sempre consciência de algo e, portanto, não existe independentemente do objeto.

Husserl não negava a existência do mundo extramental, simplesmente não admitia que tal realidade pudesse ter algum significado para a filosofia, uma vez que essa ciência pretende construir um conhecimento válido para todos os homens em todas as épocas. Como a realidade concreta só pode ser contingente, ela nunca será justificável em termos absolutos. Daí que, se a análise fenomenológica consistia em desvelar o ser absoluto das coisas, isto é, a essência, ela devia ocupar-se da realidade pura (fenomênica), dos significados intuídos pela razão.

Como se pode perceber, o procedimento metodológico, na análise de natureza fenomenológica, tem início com a determinação do pesquisador em aceitar somente o fenômeno que se mostra a ele (dado na sua consciência). O passo seguinte, rumo ao ideal racional, é procurar eliminar aquilo que for meramente "factual" – o contingente do horizonte filosófico. Para tanto, faz-se necessário um trabalho de purificação, eliminando sistematicamente o não objetivo – o que, para o pesquisador, significa colocar em suspense seus valores, preconceitos, juízos, sua individualidade – para que a fonte subjetiva, com toda sua validade objetiva, possa revelar-se, mostrando-se em sua essência. Feito isso, o pesquisador deve certificar-se da essência com a qual acredita estar trabalhando, por meio do método de "variação imaginária" ou do processo de "ideação". O "eidos" do objeto, isto é, sua essência, é invariante, permanecendo idêntico em todas as variações; o fenômeno é perspectival (possui muitas perspectivas) e, mesmo considerando que cada pesquisador ocupa-se de um ângulo desse fenômeno, a essência à qual deve-se chegar será sempre a mesma para todos – ela se conserva apesar das "variações imaginárias". Nesse sentido, o projeto da fenomenologia está, decisivamente, orientado para o conhecimento absoluto, transcendental.

Piaget reconheceu que o grande mérito das intuições husserlianas é colocar-se, de uma vez, em presença do fenômeno, isto é, das "coisas mesmas", opondo-se a qualquer análise que tome como ponto de partida o dualismo entre sujeito e objeto. Husserl nega o idealismo, como filosofia que atribui tudo ao sujeito, e também o empirismo, que, por outro lado, privilegia o objeto. Para ele, a relação entre sujeito e objeto, entre pensamento e ser, se estabelece pela intencionalidade, sendo, portanto, uma ligação indissociável da qual todo pesquisador deve partir quando pretende atingir o real. O fenômeno (a realidade) só se constitui como tal na consciência, pois é ela que lhe atribui significado. Em outras palavras, o mundo se apresenta à consciência e esta, por sua vez, lhe dá sentido. Ainda de acordo com Piaget, a interação entre sujeito e objeto pode ser analisada sob dois pontos de vista. Pode-se partir da história, quer dizer, dos fatos tal como eles se apresentam, sem, no entanto, desejar transcendê-los de imediato; isso significa entender a interação como um momento da história (do indivíduo ou das ideias), buscando retraçar suas fases e, consequentemente, sua psicogênese. Pode-se também, por outro lado – como em Husserl –, partir da consciência dessa relação e, nesse caso, desenvolve-se uma análise de caráter fenomênico, configurada intuitivamente pelo sujeito. Piaget era adepto da primeira alternativa, mas nem por isso deixou de simpatizar com o problema central defendido por Husserl; apenas julgava necessárias algumas considerações.

Ao se referir à proposta husserliana de construção de um conhecimento filosófico autônomo, liberado do sujeito empírico e das ciências a ele voltadas, Piaget lembrou que o problema na fenomenologia husserliana era não perceber que seu "sujeito transcendental" era ainda um sujeito, e que a "intuição pura" era ainda atividade de um sujeito que se deixa penetrar pelo fenômeno. Husserl, esquecendo-se de que estudava uma aritmética "natural", acreditava poder passar do fato à norma e terminava construindo modelos logísticos, caindo num psicologismo, uma vez que, na opinião de Piaget, não se pode transformar um fato em norma sem antes submetê-lo à experimentação sistemática. Ainda sobre essa mesma questão, Piaget fez duas outras observações: uma de ordem lógica e outra de ordem psicológica. No primeiro caso, ele afirmou que passar da lógica de sistemas à lógica intuída significaria poder explicar como as coisas podem ser, e não como elas são. Na medida em que a intuição é apenas uma expressão da necessidade experimentada pelo sujeito, não se pode dizer que ela é verdadeira, já que a verdade objetiva supõe uma justificação normativa.

Se do ponto de vista lógico Piaget se manifesta em desacordo com Husserl, o mesmo não ocorre com relação ao aspecto psicológico da proposição fenomenológica, mais especificamente no que diz respeito às noções "puras" ou "intemporais", isto é, à liberação do sujeito para que ele possa ir além do mundo espaço-temporal. Piaget acreditava que a formação e o desenvolvimento das noções e operações intelectuais permitem uma liberação do sujeito, porém de forma espontânea e diretamente observável. A reversibilidade das operações lógico-matemáticas, por exemplo, mostra que elas são atemporais, totalmente independentes das ordens temporais de escrita ou de pensamento individual. Ocorre que essa liberação gradativamente construída só se manifesta na criança por volta dos 7 anos – antes disso, ela não efetua composições aditivas. Daí a configuração de uma espécie de "redução fenomenológica", que na concepção psicogenética tem início nas primeiras ações sensório-motoras, completando-se totalmente no período da adolescência, com a constituição das operações formais. Diz Piaget (1978f, p. 140):

> [...] a irreversibilidade está ligada à consciência do sujeito individual que, centrando tudo sobre a própria ação e as impressões subjetivas que a acompanham, é levada pelo fluxo dos acontecimentos internos e externos e dominada pelas configurações aparentes; pelo contrário, a descoberta da reversibilidade operatória marca a constituição do sujeito epistêmico que se liberta da própria ação em proveito das coordenações gerais da ação, isto é, dessas "formas" permanentes de reunião, de encaixe, de ordenação, de correspondência etc., que religam as ações umas às outras e constituem assim

uma subestrutura necessária. [...] essa mudança de nível nas atividades de um sujeito, que de individual se torna epistêmico, pelo progresso interno das coordenações de seu pensamento e por uma equilibração que substitui a necessidade lógica à constatação empírica, apresenta certas analogias com uma "redução fenomenológica".

O próprio Piaget chamava a atenção para a convergência que existe entre o que o psicólogo da inteligência pretende, as chamadas "estruturas operatórias", e o que a fenomenologia de Husserl deseja alcançar sob a superfície da consciência empírica ou espaço-temporal. A noção de "estrutura" não se reduz à simples formalização elaborada pelo espírito do observador; as expressões cognitivas guardam em si as propriedades constitutivas do ser estruturado, que nem sempre são captadas. Assim, a "estrutura" desempenha, num terreno aberto à verificação, o mesmo papel que Husserl atribuiu ao conhecimento "eidético": se o "processo de ideação" é o caminho pelo qual se pode purificar o fenômeno e chegar à sua essência, as operações cognitivas estruturadas permitem conhecer as propriedades constitutivas e, portanto, a essência do ser estruturado.

Apesar de haver certa divergência metodológica entre Piaget e Husserl no trato dessa questão – Piaget se preocupava com a verificação empírica, com a cientificidade da proposição, enquanto Husserl buscava uma filosofia transcendental, desprovida de caráter histórico e genético –, é possível estabelecer uma aproximação entre as duas concepções. Mas, para tanto, é preciso que se faça uma ressalva considerada por Piaget de fundamental importância: se a ciência é aberta, não é necessário optar entre intuições eidéticas ou observações empíricas. Ela pode adotar as duas proposições, desde que, no caso das intuições eidéticas, o sujeito que estuda a proposição não seja o mesmo que a experiencia. Se o pesquisador observar as intuições contidas no seu próprio pensamento, ele pode não perceber o processo de formação delas. Além disso, a grande interferência das ideias impede que ele delimite com segurança as fronteiras entre as "intuições do introspector" e as do "introspectado". A análise eidética, praticada pelo sujeito em si próprio, não é passível de controle e, por isso, não tem validade científica. Dito isso, Piaget não se opôs ao fato de a conduta do pensamento resultante da descentralização do sujeito individual ser vista como uma "redução eidética".

Em última análise, os dois epistemólogos em questão empenharam-se em construir um conhecimento cuja validade fosse considerada universal. Salvo as especificidades de cada teoria, pode-se observar que, assim como Husserl empreendeu esforços no sentido de desvendar as essências dos fenômenos (por acreditar serem estas expressões de um conhecimento "puro" e atemporal, portanto válido independentemente da época e do contexto), Piaget também pretendeu, com sua teoria psicogenética, oferecer uma explicação universal para o processo pelo qual o homem constrói seu conhecimento.

A CONTRIBUIÇÃO DO EVOLUCIONISMO BERGSONIANO

O pensamento filosófico do final do século XIX e início do século XX esteve orientado basicamente pela tendência positivista e cientificista. De acordo com essas vertentes epistemológicas, o conhecimento produzia-se tal como nas ciências consideradas positivas, ou seja, nas ciências naturais: seriam considerados científicos apenas os resultados obtidos a partir da observação e experimentados empiricamente. O critério de cientificidade passava necessariamente pela possibilidade de mensuração, para que, então, os resultados pudessem ser situados numa cadeia rigorosa de causas e efeitos. Como escreve Comte (1830),

> [...] no estado positivo, o espírito humano, reconhecendo a impossibilidade de obter noções absolutas, renuncia a procurar a origem e o destino do universo, a conhecer as causas íntimas dos fenômenos, para preocupar-se unicamente em descobrir, graças ao uso bem combinado do raciocínio e da

observação, suas leis efetivas, a saber, suas relações invariáveis de sucessão e de similitude. A explicação dos fatos, reduzida então a seus termos reais, se resume de agora em diante na ligação estabelecida entre os diversos fenômenos particulares e alguns fatos gerais, cujo número o progresso da ciência tende cada vez mais a diminuir. (1973, p. 10)

A produção científica encontrava-se, portanto, em grande parte dominada por um forte determinismo, no qual não havia espaço para o imponderável e o arbítrio.

A psicologia, por sua vez, não escapou à influência dos postulados positivistas. Como bem demonstra sua história, o método experimental – originalmente desenvolvido para investigar as ciências naturais – foi, paulatinamente, transferido para as ciências sociais, de maneira quase mecânica, fazendo com que os fenômenos psíquicos passassem a ser tratados objetivamente. De acordo com Franco (1990), essa transposição metodológica efetuou-se com base em três princípios fundamentais. O primeiro pautou-se na ideia de que sociedade e natureza poderiam ser, epistemologicamente, tratadas da mesma forma. Em seguida, admitiu-se que na vida social, assim como na natureza, reinaria uma harmonia natural, sem ambiguidades; consequentemente, toda ruptura desse estado de harmonia seria visto como sinônimo de desequilíbrio e desadaptação. O terceiro princípio caracterizou-se pela crença de que a sociedade seria regida por leis naturais, invariáveis e, portanto, independentes da vontade e da ação humana.

Ainda segundo Barbosa Franco, a aplicação desses princípios no trato das questões psicológicas levou pesquisadores e cientistas da área a considerar os fatos sociais como fenômenos isolados dos sujeitos. Para se tornarem científicos, os fatos precisariam ser objetivados, materializados, o que significava despi-los de toda sua subjetividade. Essa postura implicava admitir, por um lado, o real, os fatos sociais desprovidos de gênese, de historicidade, de movimento e contradição. Por outro, considerava que o sujeito, apesar de toda subjetividade, deve encarar a realidade como se não fizesse parte dela.

Dessa forma, não é de estranhar que Henri Bergson, vivendo nesse período, tenha desenvolvido uma obra que, sem romper com os conceitos positivistas, propôs um debate extremamente original. Ele expressou, em nível filosófico, uma nova episteme, baseada em uma consciência adquirida pela cultura de seu tempo, tendo em vista as conexões entre vida orgânica e social (psíquica). Seu sistema teórico coloca-se como uma continuidade do "positivismo espiritualista", de Émile Boutroux, que insistia na impossibilidade de se fazer da psicologia uma ciência da natureza, uma vez que, para atingir a essência do objeto ao qual se volta, não é possível abrir mão da introspecção, da análise da experiência interna. Partindo justamente das noções que os materialistas deterministas defendiam – a mensuração dos fenômenos psíquicos e a redução do mental (ou espiritual) ao cerebral –, Bergson acreditava que a experiência interna, uma vez desvencilhada de conceitos e construções por meio dos quais se exprime, mostra-se em sua autenticidade, como aquilo que verdadeiramente é, ou seja, como pura qualidade e não como quantidade. Nesse sentido, a experiência interna deixa de ser uma justaposição de unidades homogêneas e quantificáveis para caracterizar-se como realidade heterogênea e em contínua mutação.

Muito mais do que repetir o apelo do espiritualismo tradicional à consciência interior, Bergson pregava o retorno à ação consciente, ao "imediato". Para ele, a dificuldade em apreender a consciência no seu momento atual, como fenômeno qualitativo em constante transformação, se devia à própria natureza da inteligência. A psicologia positivista não considerava esse aspecto qualitativo dos processos psicológicos e concebia uma inteligência composta, necessariamente, de unidades homogêneas e comparáveis, pois só assim a igualdade, a adição e a medida desses fenômenos tornar-se-iam possíveis. Segundo Bergson (1973, p. 750), "a inteligência, ao elaborar conceitos e ao trabalhar analiticamente, fragmenta, espacializa e fixa a realidade que, nela mesma, é contínua mudança qualitativa, puro tornar-se". Entretanto, ele reconheceu que essa forma de conhecimento, restrita ao "eu" superficial, possibilitava a ciência e a própria sobrevivência do homem, já que estava voltada para aquilo que é útil, cômodo, permitindo, além da construção de símbolos e cálculos, a criação de máquinas e utensílios. Tratava-se, portanto, de uma atividade de caráter pragmático: por meio dela, o homem domina a natureza e a põe a seu serviço. O "eu" profundo (a consciência), embora ultrapasse o nível conceitual, não pode abrir mão dele, uma vez que se apoia nos conceitos e se expressa por meio deles.

Contudo, é importante lembrar que, para Bergson, o conceito não abarca a natureza do objeto concreto, na medida em que ele simboliza homogeneizando uma propriedade que é especial, única e particular de cada fenômeno. Assim, o conceito compreende apenas o que é comum a todos os objetos, ficando sempre no nível das relações. O essencial e próprio de cada fenômeno só é atingido pela metafísica (no sentido que Bergson lhe atribui e que será mais adiante explicitado). Nessa perspectiva, para penetrar além da tessitura das abstrações, isto é, para vencer as limitações do simbolismo e atingir a intimidade do real, há de se utilizar uma abordagem que conjugue a intimidade do sujeito – o "eu" profundo – com a intimidade do objeto concreto e singular. Essa forma de contato ou de comunicação entre sujeito e objeto, diz Bergson, só pode ser desempenhada pela intuição, entendida como consciência imediata, visão que quase não se diferencia do objeto visto, do conhecimento que chega à coincidência.

A análise conceitual estagna o movimento, próprio do fenômeno, e multiplica indefinidamente os pontos de vista, a fim de obter a representação mais completa possível desse fenômeno ou objeto. A intuição, ao contrário, penetra na intimidade do objeto, destituída de motivos utilitários, o que lhe permite captar seu dinamismo e sua natureza qualitativa. Nessa ótica, a intuição (valendo-se da introspecção) coloca-se como o único método por intermédio do qual se podem conhecer e explicar, de forma satisfatória, os processos psicológicos. Em síntese, Bergson identificava o conhecimento científico com a inteligência e o conhecimento filosófico com a intuição, demonstrando que o último compreende e supera o primeiro. O pensamento científico, operando pela análise e pela abstração com conceitos e símbolos, mostra-se incapaz de penetrar a realidade, restringindo-se à superficialidade do fenômeno; enquanto o pensamento filosófico, procedendo por intuição e tendo como referência a ação consciente, consegue captar o vital, a essência, o dinamismo implícito no real. Nesse raciocínio, o conhecimento filosófico, utilizando a intuição, une a ciência e a metafísica, na medida em que o pensamento intuitivo, por penetrar o fenômeno (ou a realidade), efetua a análise dos vários elementos e conceitos em torno dele, não para reconstituí-lo – pois o pensador já se encontra no interior do fenômeno e, portanto, de posse da sua essência –, mas para explicá-lo da forma mais completa possível. O entendimento leva a cabo um exaustivo trabalho de análise da intuição inicial.

Como pode ser observado, o modelo filosófico sistematizado por Bergson é marcado por uma forte tendência metafísica: é por meio da intuição que o homem conhece a realidade. Defendendo uma nova concepção de metafísica, ele conseguiu conjugar, no método introspectivo, intuição e ação, destacando esta última no plano da consciência. A ação (do sujeito consciente) é a condição primeira para se conhecer. Assim, para Bergson, o "eu" profundo que consegue captar a essência do objeto não era um *a priori* transcendental, configurado de forma única, pronta e acabada desde o início. O "eu" metafísico referia-se exclusivamente à consciência do sujeito. Ocorre que a consciência imediata (aquela que o sujeito tem ao agir sobre o ambiente) não opera da mesma forma em todos os objetos ou fenômenos. Cada fenômeno suscita uma percepção e uma construção particulares. Logo, o "eu" profundo – ou a consciência intuitiva – caracterizava-se por um processo indefinido de reconstruções, pautando-se não na abstração, mas na intuição ou na consciência vivenciada, instituída diretamente na ação.

Com isso, Bergson resgatou a subjetividade do objeto da psicologia (a consciência) sem abandonar por completo os princípios da ciência positivista, uma vez que ele não desprezava a ação. Ao contrário, recuperou-a em seu aspecto qualitativo, distanciando-se dos empiristas ortodoxos que viam na ação o meio pelo qual os fenômenos psíquicos se objetivavam, tornando-se observáveis e quantificáveis. É essa vinculação da ação com a evolução do conhecimento que aproxima Piaget de Bergson.

Na medida em que Bergson admitia a ação como a matéria-prima da intuição, ele substituiu a visão matematizante da ciência e da metafísica pela visão biológica. A autorregulação mental (derivada da coordenação das ações e formadora da lógica) parece ser, nessa perspectiva, uma continuidade da autorregulação orgânica que é um processo fundamentalmente biológico.

Segundo Bergson, a vida interior, da qual se encarrega a psicologia, não poderia ser representada por conceitos fixos e abstratos. Nenhuma imagem reproduziria a ideia original do objeto ou fenômeno. Quando o pesquisador desenvolve uma análise partindo de conceitos, orientando-se, portanto, da periferia para o interior do fenômeno e procurando em seu íntimo o que é mais uniforme, mais constante, ele depara com algo totalmente diferente, com

> [...] uma sucessão de estados em que cada um anuncia aquele que o segue e contém o que o precedeu. A bem dizer, eles só constituem estados múltiplos quando, uma vez tendo-os ultrapassado, eu me volto para observar-lhes os traços. Enquanto os experimentava, eles estavam tão solidamente organizados, tão profundamente animados com uma vida comum, que eu não teria podido dizer onde qualquer um deles termina, onde começa o outro. Na realidade nenhum deles acaba ou começa, mas todos se prolongam uns nos outros. (Bergson, 1974, p. 21-22)

Não é difícil perceber a estreita correspondência entre esse raciocínio bergsoniano e a forma como Piaget concebeu e descreveu a sucessão de fases do processo de desenvolvimento cognitivo. Como Bergson, Piaget também acreditava que a essência do fenômeno (no caso, o pensamento, a consciência) não é algo estático. Ao contrário, trata-se de uma estrutura dinâmica cujo movimento se caracteriza justamente por uma construção sucessiva e contínua de fases que, mesmo tendo suas origens calcadas na experiência empírica, na ação, encaminham-se para atingir formas de pensamento cada vez mais independentes desse referencial prático.

Além disso, Piaget retomou as antíteses propostas por Bergson – organização viva e matéria, instinto e inteligência, tempo e espaço, vida interior e ação ou linguagem, entre outras –, a fim de verificar se eram de fato antitéticas ou se existiria certa continuidade entre elas. Auxiliado pelos avanços registrados no campo da biologia molecular, Piaget concluiu pela continuidade, negando, portanto, a hipótese de um dualismo radical entre essas antíteses.

Tomando-se a antítese principal de Bergson – inteligência e instinto –, segundo a qual a inteligência só conheceria adequadamente a matéria e o espaço, enquanto o instinto (prolongado em intuições) constituiria o único modo de conhecimento "puro" adaptado à vida, observa-se o seguinte: para Bergson, a gênese da intuição remontava ao instinto em sua forma mais evoluída, ou seja, tal qual aquela que aparece no mundo dos insetos. O instinto é, entre as formigas e as abelhas, dizia ele, "uma faculdade de utilizar e mesmo de construir instrumentos organizados" (In: Megay, 1976, p. 614) que fazem parte do corpo do inseto. O instinto se dirigiria, pois, não em direção à matéria inerte e sim em direção à matéria organizada, à vida. Desse modo, inteligência e instinto implicariam espécies de conhecimento radicalmente diferentes. De maneira semelhante, Piaget também via a origem do conhecimento partindo dos "instintos" que o bebê dispõe ao nascer. Melhor dizendo, na teoria piagetiana, a criança nasceria com um aparato biológico composto por reflexos inatos que lhe garantiriam a sobrevivência. O exercício desses reflexos, na interação com o meio, faz com que eles se transformem em esquemas de ação, elementos centrais na constituição da estrutura cognitiva do sujeito. Assim sendo, ainda que Piaget tenha questionado a oposição que Bergson via entre inteligência e instinto, mostrando que existe, na verdade, uma continuidade entre esses dois estados, ele também trabalhou com dois níveis de conhecimento: o conhecimento prático, empírico, relacionado diretamente aos objetos, à realidade; e o conhecimento lógico-matemático ou das abstrações reflexivas, que se referem às relações e às deduções efetuadas a partir dos objetos ou da realidade.

Piaget se identificava com o pensamento de Bergson na medida em que percebia e entendia a intuição bergsoniana como produto de uma inteligência refinada cujo modelo, infinitamente elaborado, era construído por agrupamentos, dissociações, deduções e abstrações, mas tendo sempre como base a experiência, o fato empírico. Nesse sentido, dizia Piaget, essa noção de intuição não se compara ao Cogito cartesiano ou husserliano, a partir do qual se desenvolveria o conhecimento. Ela seria resultado de análises múltiplas, conduzidas reflexivamente, colocando-se, portanto, no plano da realidade.

Segundo Piaget, Bergson não hesitava em admitir que a psicologia se coloca no terreno dos fatos. Ao postular a possibilidade de união entre intuição (introspecção) e análise empírica (observação dos fatos), a proposta teórica de Bergson forneceu condições para uma interpretação mais completa do fenômeno e, portanto, atingiu melhor a realidade que o empirismo associacionista.

Corroborando essa hipótese bergsoniana, Piaget sustentou a viabilidade teórico-metodológica de unir à análise dos fatos a intuição, destacando que um fato seria, antes de tudo, a resposta a uma questão. Os fatos, a realidade, levam o pesquisador à formulação de problemas. Ora, dizia ele, um problema bem formulado chega muito próximo do que os filósofos chamam de "essência". De acordo com Piaget, seria preciso considerar ainda que um fato é uma constatação ou leitura da experiência, não no sentido que lhe empregava o empirismo, mas no sentido em que a leitura da realidade pressupõe uma estruturação do conhecimento, uma série de aproximações que se definem como a conquista da objetividade. Esse trabalho passaria, necessariamente, pelo estudo experimental do sujeito que constata o fato, de maneira a analisar em que incide essa constatação. Um fato compreende interpretações implícitas desde a formulação do problema (hipótese). Entretanto, ele só se constitui cientificamente quando conduz a uma interpretação explícita que assegure sua compreensão. Portanto, a condenação pura e simples dos fatos, por acreditar que a análise experimental não atingiria as essências, revela, principalmente, uma dificuldade por parte dos filósofos em compreender a importância da objetividade.

Na visão de Piaget, assim como a análise experimental não era exclusividade das ciências positivas (podendo, desde que repensada, ser posta a serviço da psicologia), a profunda intencionalidade da vida mental e a compreensão que ela possibilita não são especificidades do pensamento filosófico. O autor lembrou que "mesmo quando não se fala explicitamente em intencionalidade, numa teoria de tipo 'explicativo', a noção pode aí desempenhar um papel central, mas em um outro vocabulário" (Piaget, 1978f, p. 156). A análise piagetiana em torno do esquematismo sensório-motor e dos esquemas de assimilação, por exemplo, mostrou que estes estão penetrados de intencionalidade. O esquematismo sensório-motor é, antes mesmo da linguagem e da representação, carregado de significações, uma vez que assimilar um objeto a esquemas consiste em conferir-lhe significados, embora os significantes próprios desse nível constituam tão somente indícios ou sinais perceptivos. Dito isso, fica claro que Piaget, à semelhança de Bergson, pretendia conjugar introspecção e experimentação, na tentativa de explicar como se produz o conhecimento. Para ele, a introspecção, quando combinada ao estudo das condutas, à observação e à experimentação dos fatos, trazia esclarecimentos indispensáveis:

> Em primeiro lugar, o exame da tomada de consciência do sujeito em relação à sua conduta real apresenta em geral um grande interesse: na criança, por exemplo, a comparação entre sua tomada de consciência do sentido de um termo e o emprego que dele faz efetivamente. Em segundo lugar, os erros sistemáticos da introspecção são em si próprios muito significativos. Em terceiro lugar, e sobretudo, os métodos de introspecção provocada utilizados sistematicamente por Binet e pela escola de Wurtzbourg, sem produzirem o que deles esperavam seus autores, tiveram não obstante uma importância decisiva, mostrando a falsidade da explicação associacionista do julgamento e o papel secundário da imagem concebida, antes dessas verificações, como um elemento do pensamento. (Piaget, 1978f, p. 160)

A verificação objetiva, por outro lado, não "deformaria" o sujeito, como acreditam os filósofos e, sim, conferiria os meios para que o conhecimento produzido (intuído) por esse sujeito adquirisse credibilidade científica.

De maneira geral, é possível inferir que Piaget, não podendo fugir à sua sólida formação como biólogo e, ao mesmo tempo, não querendo curvar-se diante das teses do empirismo determinista, encontrou em Bergson o apoio e o espaço dos quais necessitava para validar o conhecimento objetivo, sem destituí-lo de sua subjetividade.

A INFLUÊNCIA ESTRUTURALISTA

Ainda sobre a explicitação das bases filosóficas e epistemológicas que permeiam a obra piagetiana, pode-se afirmar que a maior influência exercida sobre o grande teórico da psicologia cognitiva foi a corrente estruturalista. É sabido que a epistemologia estruturalista, como perspectiva abrangente que busca teorizar o próprio método científico, perpassa toda a concepção psicogenética, manifestando-se não apenas na preocupação de Piaget em construir uma teoria de caráter científico, mas, sobretudo, em conceitos decisivos que nortearam seu sistema teórico – por exemplo, a ideia fundamental de que o conhecimento se organiza em estruturas cognitivas hierarquicamente construídas.

O estruturalismo não é representado por uma única linha de pensamento. Ao contrário, ele se caracteriza justamente pela diversificação. O que une as diferentes formas de pensamento estruturalista é a noção primordial de estrutura que, segundo Lévi-Strauss (1976, p. 13), "não se refere à realidade empírica, mas aos modelos construídos em conformidade com esta". Contudo, a ideia de que uma estrutura consiste em um conjunto de elementos relacionados, em que toda modificação ocorrida em um elemento ou uma relação modifica os outros elementos ou relações, não garante ao estruturalismo o caráter de uma escola única. Inúmeros teóricos têm invocado o método estruturalista em campos científicos e para fins bem diferentes. No entanto, é preciso lembrar que o campo específico dessa epistemologia é o das ciências humanas, no qual as pesquisas estão voltadas, particularmente, para o estudo do indivíduo em sociedade e sua cultura. Nesse enfoque, a linguagem adquire fundamental importância por ser ela veículo de comunicação e de ligação entre o homem e o mundo. É, principalmente, por meio da análise do discurso, dos signos e do comportamento humano que o pesquisador alcança a essência ou a estrutura do fenômeno estudado. Em seu projeto mais amplo, o estruturalismo pretende construir um sistema, ou modelo, explicativo que reúna não apenas as leis do pensamento humano, mas também as leis do surgimento e do desenvolvimento dos fenômenos culturais e naturais.

Entre os muitos teóricos que contribuíram para os diferentes sentidos que o estruturalismo tomou nas ciências contemporâneas, pode-se destacar, na área de linguística, Ferdinand de Saussure, que, pretendendo estabelecer as leis gerais de funcionamento de uma língua, sistematizou os procedimentos metodológicos para a realização de uma análise estrutural, mais tarde transferidos para outros campos das ciências humanas. Na antropologia, o estruturalismo etnológico nasceu com Claude Lévi-Strauss, que tinha por objetivo atingir as leis gerais do funcionamento de certas estruturas culturais, mais especificamente daquelas que regem os sistemas de parentesco e a produção dos mitos em culturas primitivas. Michel Foucault, tomando como ponto de partida as teses estruturalistas de Lévi-Strauss, ocupou-se do estudo da mentalidade (das representações humanas, da "episteme"), construindo sistemas que permitissem explicar as relações, isto é, a estrutura dessas representações, nas áreas da linguística, biologia, história e, sobretudo, economia política. Já a psicanálise tem em Jacques Lacan o principal representante do pensamento estruturalista. Ele se utilizou da estrutura da linguagem para decifrar o inconsciente, por acreditar que a parte consciente da personalidade humana é largamente comandada pelo inconsciente. Além desses autores citados, outros nomes podem ser lembrados, como: Roland Barthes, Dimesil, Kurt Koffka, Louis Althusser, que, de diferentes formas, ajudaram no desenvolvimento e na consolidação dessa abordagem.

A epistemologia estruturalista caracterizava-se por ser anti-historicista, uma vez que não prioriza a gênese, a evolução ou as causas dos fenômenos, mas sim sua estrutura tal como se apresenta. Os pensadores dessa corrente epistemológica ocupavam-se com explicações formais, utilizando-se de instrumentos que, segundo eles, seriam capazes de resistir às variações históricas. Esses teóricos postulavam a necessidade de elaboração de um modelo que permitisse a explicação do maior número possível de aspectos de determinado fenômeno. Para tanto, o pesquisador deve partir, necessariamente, do concreto, isto é, da riqueza de determinações imediatamente presentes no fato ou na realidade. Tomando como base essas observações preliminares, ele construiria o modelo (chegaria ao abstrato) por meio do qual explicaria as relações que organizam essa realidade, penetrando, assim, na sua estrutura. O modelo ou sistema metodológico seria fruto de uma construção teórica hipotética, mas que emergeria da observação da realidade e a ela se voltaria, posteriormente, para ser concretizado. Nessa perspectiva, o sujeito do conhecimento adquire primazia sobre o objeto de estudo, pois ele elabora o sistema ou modelo teórico por meio do qual irá explicar a realidade.

A análise estruturalista privilegiaria o aspecto relacional, quer dizer, as relações entre os elementos que compõem a estrutura. Assim sendo, as pesquisas dessa natureza não estariam voltadas para a compreensão do conteúdo desses elementos, mas sim para as relações que intercorrem entre eles. Os estruturalistas estavam interessados no invariante, naquilo que pode ser transportado de um campo para outro e, como se sabe, o conteúdo pode variar, mas as relações são constantes. Essas afirmações podem ser corroboradas por uma passagem elaborada por Pedro Demo (1981, p. 223), na qual ele diz:

> À base destas concepções se poderia sustentar que o intento formalizante se prende à raiz do estruturalismo. Não se estudam primordialmente os conteúdos, mas as relações entre eles, a que daríamos o nome de forma. Toda forma é até certo ponto uma forma: serve invariavelmente para inúmeros bolos; é o elemento que permanece sobre a invariabilidade do conteúdo.

A formalização do conhecimento pelos estruturalistas garante a objetividade e a exatidão daquilo que permanece além da variabilidade histórica do conteúdo. Não obstante, à medida que a construção do conhecimento se faz pela forma, pelo modelo – que é atemporal –, ocorre a secundarização da história, uma vez que esta se liga aos conteúdos.

De acordo com essa postura filosófica, o *a priori* não é subjetivo (particular do sujeito) nem oriundo de Deus (como nos sistemas panteístas das filosofias clássica e moderna), mas trata-

-se de uma lógica, um sistema construído hipoteticamente, que se confere e se concretiza no empírico. A filosofia tradicional acredita na intuição do real por meio das qualidades sensíveis, enquanto os estruturalistas procuravam descobrir estruturas básicas, ou seja, formas invariantes e, portanto, universais, por detrás da aparência variável. A intenção era ultrapassar a percepção sensível e chegar a uma episteme de fundo real.

Piaget (1979, p. 8) declarou-se um teórico da racionalidade estrutural ao escrever *O estruturalismo* (1978). Nessa obra, ele define estrutura como

> um sistema de transformações que comporta leis enquanto sistema (por oposição às propriedades dos elementos) e que se conserva ou se enriquece pelo próprio jogo de suas transformações, sem que estas conduzam para fora de suas fronteiras ou façam apelo a elementos exteriores. Em resumo, uma estrutura compreende os caracteres de totalidade, de transformação e de autorregulação.

Desses três elementos fundamentais de uma estrutura, a totalidade é a única sobre a qual os estruturalistas concordam por unanimidade. Ela se constitui na medida em que as leis de composição, próprias do sistema, organizam os elementos componentes da estrutura, conferindo ao conjunto propriedades distintas daquelas apresentadas pelos elementos em particular. Portanto, o todo é mais que a soma das partes e estas, por sua vez, só se explicam em função do todo.

A segunda característica, a transformação, confere à estrutura uma forma dinâmica: toda modificação ocorrida num elemento ou numa relação transforma os outros elementos ou relações. Uma estrutura é ao mesmo tempo estruturada e estruturante: estruturada na medida em que contém leis próprias que a organizam; e estruturante por estarem seus elementos constantemente submetidos às leis do próprio sistema. Segundo Piaget, essas leis ou regras de transformação não seriam inatas, elas se explicariam por meio de processos obrigatórios de equilibração; além disso, as transformações inerentes a uma estrutura não ultrapassariam os limites de suas fronteiras. São transformações de natureza constitutiva, que não implicam a formação de novos elementos estruturais. A mudança é sempre no sentido de enriquecimento e reequilibração dos elementos próprios à natureza.

A terceira característica que identifica uma estrutura é sua capacidade de autorregulação ou de conservação própria. Três são os principais elementos que constituem essa capacidade: os ritmos e as regulações, ambos próprios de mecanismos estruturais, presentes em todas as escalas biológicas; e as operações que se referem às leis que orientam a totalidade.

Preocupado em explicar a origem ou a causa das estruturas cognitivas, Piaget admitiu a existência de certos sistemas elementares constituídos, *a priori*, por mecanismos biológicos que, por assim dizer, seriam o ponto de partida na formação de novas estruturas. As conquistas da biologia contemporânea – em especial a descoberta de uma complexa estrutura de instintos e a constatação (pela etologia) de que toda aprendizagem se apoia em estruturas prévias – fornecem as bases indispensáveis ao estruturalismo psicogenético. Sendo o organismo a fonte do sujeito, ele é também fonte das totalidades e das autorregulações. O conceito de transformação implica os de formação e autorregulação, sugerindo a capacidade de autoconstrução. Nesse sentido, a ação sensório-motriz e instrumental da criança desempenharia um papel fundamental no processo de formação das novas estruturas. As coordenações-gerais das primeiras ações da criança guardariam em si as estruturas ou esquemas elementares, suficientes para desencadear as abstrações reflexivas ou as construções posteriores.

As abstrações reflexivas, entendidas como novas combinações entre os elementos estruturais, exercem uma função de extrema importância na dinâmica da estrutura cognitiva. O processo de constituição dessas estruturas (que permanecem constantes até que sejam elaborados os esquemas de pensamento lógico-formal, depois de completado o desenvolvimento dos mecanismos cognitivos ou formas de operar durante a adolescência) ocorre da seguinte maneira: uma estrutura, como foi dito, é composta de um conjunto de elementos que se relacionam entre si. Toda vez que essas relações produzem novas combinações (resultantes de recentes condições maturacionais do organismo e dos diferentes estímulos provenientes dessa realidade), a estrutura se reequilibra, isto é, se reorganiza internamente, ultrapassando a estrutura precedente.

De acordo com Chiarottino (1988), a abstração reflexiva deve ser entendida em dois sentidos complementares. Primeiro, quando essas abstrações transpõem para um plano superior o que foi engendrado no plano anterior, fazendo crer que a estrutura resultante é um reflexo daquela que a precedeu. Em segundo lugar, quando a criança reconstrói, sobre o plano das formas ou das representações, os esquemas que são retirados do plano das ações. A construção representativa é possível graças às relações entre as representações ou formas novas e aquelas que já existiam com certa organização. Quando essa reorganização (ou reflexão) ocorre em nível de representações mentais, fala-se em pensamento reflexivo.

Piaget explicou que a "psicologia do pensamento" demorou a se preocupar com o estudo das estruturas cognitivas porque, em vez de orientar-se na direção funcional das raízes psicogenéticas e biológicas, preocupava-se apenas em analisar a inteligência adulta. Daí a crença de que pensamento é sinônimo de lógica. Segundo Piaget, a elaboração da primeira forma de estruturalismo psicológico coube aos teóricos da Gestalt – Wolfgang Köhler, Kurt Koffka, Max Wertheimer e Kurt Lewin –, que, na busca por estruturas "puras", isto é, estruturas desprovidas de história e de gênese, construíram um modelo que satisfazia à filosofia (na qual é dado o direito de invenção), mas não a uma ciência comprometida com a realidade verificável.

A teoria da forma, ou Gestalt, teve origem na Alemanha, durante a primeira metade do século XX, e desenvolveu-se nos

Estados Unidos, em oposição à psicologia positivista. Os modelos de "campos", originados das ciências físicas e que, no início deste século, exerceram uma forte influência sobre o conhecimento produzido em psicologia, aliados à formação como físico de Köhler, nortearam a elaboração dos princípios que compunham essa teoria. O teórico acreditava que determinados fenômenos psíquicos (como o desenvolvimento da inteligência) poderiam ser explicados com a transposição de conceitos da física para a psicologia. A preocupação com os efeitos de campo fez com que Köhler não percebesse as ideias que precedem a intuição final como atos inteligentes e considerasse como tais somente as compreensões ocorridas subitamente, isto é, os *insights*. Na opinião de Piaget, essa influência exercida pelo modelo de campo é responsável pela pouca importância que os gestaltistas atribuem aos aspectos funcionais e psicogenéticos do desenvolvimento, bem como às atividades do sujeito.

A ideia central do estruturalismo gestaltista é a totalidade. Mas, como nas teorias de campo, trata-se de uma totalidade previamente estruturada, desprovida de função estruturante. Assim, o que competiria ao pesquisador seria encontrar as leis que organizam essas estruturas e, para os gestaltistas, são de caráter perceptivo, a saber: lei da pregnância, da semelhança, do fechamento, da boa continuidade e do destino comum. Dessas leis, duas são suficientes para corroborar as diferenças entre esse modelo e o piagetiano: a lei da pregnância, segundo a qual uma pessoa, quando experimenta um campo perceptivo desorganizado, tende a impor sobre ele uma ordem previsível; e a lei do destino comum, de acordo com a qual as partes de um todo não apresentam características fixas, variando sistematicamente quando se modifica o contexto no qual ocorrem. Assim, os atributos dos elementos que compõem a totalidade seriam definidos nas relações com o sistema de que fazem parte. Os teóricos da Gestalt pretendiam subordinar a percepção, a motricidade e a inteligência às leis de composição das Gestalts, principalmente às perceptivas. Piaget adotou outra conduta, pois acreditava num sujeito ativo que constrói e regula suas estruturas cognitivas na proporção de seus desenvolvimentos por meio de um processo contínuo de abstrações reflexivas e de equilibrações – no sentido autorregulador –, tendo em vista suas necessidades e os estímulos do meio ambiente.

Pode-se perceber que Piaget descarta a sensação e a percepção como fontes do conhecimento. Para ele, o conhecimento é consequência da ação de modo geral, e a percepção desempenha, apenas, a função de sinalização. Quando se busca entender as estruturas cognitivas ou o aspecto operatório da inteligência humana, é preciso partir da ação e não da percepção. O sujeito conhece um objeto na medida em que age sobre ele, transformando-o – e são duas as maneiras de transformar o objeto para conhecê-lo cientificamente: modificando-lhe as posições, os movimentos ou as propriedades, para explorar-lhe a natureza (ação física); ou acrescentar propriedades e novas relações, que conservem as propriedades ou relações anteriores, mas completem-nas com sistemas de classificação, de ordenação, de colocação em correspondência etc. (ação lógico-matemática). Assim, a origem do conhecimento não se atém apenas à percepção; o esquematismo do conhecimento engloba a percepção e a ultrapassa.

Piaget (1979, p. 53), ao analisar a origem das estruturas lógicas, afirmou:

> [...] as estruturas humanas não partem do nada, e, se toda estrutura é o resultado de uma gênese, é preciso admitir resolutamente, em vista dos fatos, que uma gênese constitui a passagem de uma estrutura mais simples a uma estrutura mais complexa e isso segundo uma regressão infinita (no estado atual dos conhecimentos).

O ponto de partida para a construção das estruturas lógicas encontra-se na "coordenação-geral das ações" ou nas coordenações sensório-motoras, que compreendem desde os primeiros reflexos e movimentos espontâneos – nos quais já estão presentes certos fatores funcionais (assimilação e acomodação) e elementos estruturais comuns – até o limiar das condutas instrumentais ou do pensamento pré-operatório. Por meio da interação do organismo com o meio, bem como do jogo entre assimilação e acomodação, novas abstrações reflexivas são constituídas e, portanto, novas estruturas emergem das precedentes. Por esse movimento constante, o ser humano constrói suas estruturas lógicas de pensamento (tanto concreto como formal). Segundo Chiarottino (1988, p. 18):

> [...] na obra de Piaget, tanto o conceito de adaptação quanto o de estrutura trazem consigo a noção de constante movimento ascendente, partindo das trocas meramente mecânicas entre organismo e meio, até o nível das trocas simbólicas ou dos sistemas infinitamente abertos.

Isso posto, fica evidente que as relações lógicas não são dadas *a priori*, no sentido cronológico do termo, e, sim, trata-se de uma conquista do homem. Mas, uma vez atingida a inteligência lógico-formal, não significa que o sujeito só vá reajustar estruturas a partir daí. Cognição não quer dizer acúmulo de estruturas prontas; a natureza última do conhecimento é estar permanentemente em construção.

Na concepção piagetiana, as experiências vividas não desempenham o principal papel na construção das estruturas cognitivas, dado que elas não existem na consciência do sujeito, e sim no seu comportamento operatório. Logo, para estudar as especificidades dessas estruturas, basta recorrer a um sujeito epistemológico ou aos mecanismos de funcionamento comuns a todos os sujeitos individuais. Piaget não estava preocupado com o conteúdo das estruturas, mas com suas formas. Se a atividade do sujeito consiste em impor formas a um conteúdo, e se essas formas são sempre as mesmas para todos os sujeitos, era necessário e suficiente atingir a completa explicação de apenas uma estrutura cognitiva, podendo-se, em seguida, extrapolar a análise para todas as demais.

Nessa perspectiva, segundo a qual o sujeito é o centro de funcionamento de todas as estruturas e o fator biológico é condição indispensável para que elas existam, o conceito de orgânico é redimensionado. A hipótese piagetiana pressupõe a existência de estruturas mentais que, apesar de serem também orgânicas, não o são tal como a medicina e a biologia convencionaram, na medida em que não são materializadas. A presença dessas estruturas só pode ser inferida por meio de seus efeitos. Para Piaget, as estruturas mentais são orgânicas e, no entanto, não são palpáveis; o orgânico deixa de ser somente algo observável. Se o sujeito orgânico é o centro de funcionamento de todas as estruturas, os trabalhos que se propõem estruturalistas devem, necessariamente, implicar relações interdisciplinares, já que o desenvolvimento das estruturas cognitivas (psicológicas) é de natureza biológica. Logo, é inviável tentar compreender o funcionamento e a construção dessas estruturas sem o auxílio da biologia. Tratar de estruturas em domínio restrito significa correr o risco de não situar o "ser", isto é, a fonte da estrutura.

De acordo com Chiarottino (1988, p. 19),

> [...] o conceito de estrutura em Piaget evoluiu no decorrer da construção de sua teoria e acabou por satisfazer às características das estruturas mentais como sendo biológicas, constituídas pouco a pouco (graças às perturbações do meio e à possibilidade de reação do sujeito), mas alcançando estágios de compensação geral de todas as transformações virtuais do sistema. Assim, Piaget concilia a noção de gênese, construção realizada no tempo, com a possibilidade de atingir as características atemporais das estruturas lógico-matemáticas.

Piaget não acreditava que o estruturalismo consistia numa crença ou filosofia, e justificava: se assim o fosse, já teria sido ultrapassado. Segundo ele, tratava-se de um método, e a tarefa que se apresentava ao pesquisador, naquele momento, era recuar para então poder analisar, à luz do estruturalismo "autêntico", "metódico" (estruturalismo psicogenético), tudo o que havia sido produzido até então.

Com essas explicitações de cunho filosófico, procurou-se sistematizar um pouco mais as bases epistemológicas que fundamentam a teoria de Jean Piaget, esperando assim melhor subsidiar a reflexão sobre o papel do social em sua abordagem.

A RELAÇÃO ENTRE DESENVOLVIMENTO E APRENDIZAGEM

A relação entre desenvolvimento e aprendizagem está presente, ainda que de forma implícita, em todas as diferentes teorias psicológicas que se ocupam em estudar o comportamento, o pensamento ou o psiquismo humano. Mais que isso, as diversas combinações desses dois fenômenos condicionam posturas teórico-metodológicas muito distintas e, por conseguinte, práticas pedagógicas que se opõem em diversos aspectos. Assim sendo, a compreensão dessa relação pode facilitar, sobremaneira, o entendimento dos demais conceitos ou princípios envolvidos nas concepções em discussão.

A análise da relação entre desenvolvimento e aprendizagem, antes de ser de cunho psicológico, é de natureza essencialmente epistemológica. Ela está vinculada, em última instância, à relação entre sujeito e objeto do conhecimento. É sabido que todo conhecimento implica, necessariamente, uma relação entre dois polos, isto é, entre o sujeito que busca conhecer e o objeto a ser conhecido. Pois bem, as concepções psicológicas que priorizam o processo de desenvolvimento em detrimento da aprendizagem estão automaticamente privilegiando o sujeito, o endógeno, a organização interna; diminuem, portanto, o papel ou a relevância do objeto, do meio físico e social, do exógeno, da experiência. Essa situação se inverte, obviamente, quando o polo privilegiado passa a ser a aprendizagem. Além dessas duas visões, restam ainda as teorias que se definem por uma postura interacionista, nas quais o homem é concebido como um organismo ativo cujo conhecimento e funções psicológicas são elaborados, gradativamente, pela sua interação com o meio ambiente.

O modelo teórico proposto por Piaget pode ser qualificado, em princípio, como interacionista. Ele acredita que o conhecimento não é imanente nem ao sujeito nem ao objeto, sendo, isto sim, construído pela interação entre esses dois polos. Contudo, na medida em que Piaget defendia a tese segundo a qual o processo de construção do conhecimento é desencadeado pela ação do sujeito por intermédio de seus mecanismos de adaptação e organização, ele incorporou postulados próprios do inatismo. Com base nessas constatações – que voltarão a ser discutidas no decorrer desta unidade –, é possível afirmar que a postura teórica piagetiana é de natureza interacionista, com fortes tendências para o primado do sujeito.

Inicialmente, convém lembrar que Piaget se propôs a estudar o processo de desenvolvimento do pensamento, e não a aprendizagem em si. Ele observava a aprendizagem infantil não com o intuito de diferenciá-la do desenvolvimento, mas para obter uma resposta à questão fundamental (de ordem epistemológica) que se refere à natureza da inteligência, qual seja: como se constrói o conhecimento? É importante destacar que, de acordo com o autor, o sujeito do conhecimento não é um indivíduo particular qualquer. Ele teoriza sobre um sujeito ideal, universal e, portanto, atemporal. Esse sujeito epistêmico com o qual trabalha, mesmo que não corresponda a alguém em particular, sintetiza as possibilidades de cada indivíduo e de todos, ao mesmo tempo. Na perspectiva piagetiana, o outro polo dessa relação, ou seja, o objeto do conhecimento, refere-se a um meio genérico, que engloba tanto os aspectos físicos como os sociais.

Nas sistematizações teóricas de Piaget, conhecer significa organizar, estruturar e explicar o real a partir de experiências vividas. Conhecer é modificar, transformar o objeto, compreender o mecanismo de sua transformação e, consequentemente, o caminho pelo qual o objeto é construído. O conhecimento é sempre resultado da ação do sujeito sobre o objeto. Nesse sentido, a operação é a essência do conhecimento: a ação interiorizada modifica o objeto do conhecimento, impondo-lhe uma ordenação no espaço e no tempo. Orientado pelos princípios da biologia, Piaget viu na coordenação funcional da ação adaptativa a origem de todo conhecimento. Analisando seus postulados, é possível inferir que o fio condutor da argumentação piagetiana, ou seja, a orientação básica de seu trabalho, expressa-se na ideia de que o conhecimento não se origina na percepção, e sim na ação. A esse respeito, ele escreveu:

> Nossos conhecimentos não provêm nem da sensação nem da percepção isoladamente, mas da ação global, de que a percepção participa apenas como função de sinalização. Próprio da inteligência não é contemplar, mas "transformar", e seu mecanismo é essencialmente operatório. Ora, as operações consistem em ações interiorizadas e coordenadas em estruturas de conjunto (reversíveis etc.); se desejarmos explicar esse aspecto operatório da inteligência humana, convirá partir da ação – e não apenas da percepção. (In: Chiarottino, 1984, p. 104)

Ao contrário dos teóricos empiristas, Piaget acreditava que a hipótese de uma origem sensorial do conhecimento não é apenas incompleta, mas, sobretudo, falsa, uma vez que a percepção não se reduz a uma leitura direta da experiência. A percepção consistiria, isto sim, em uma organização que prefigura a inteligência, sendo cada vez mais influenciada pelo progresso dessa organização. As estruturas operatórias não podem derivar de pré-inferências perceptivas, já que os progressos alcançados, especialmente pelo pensamento dedutivo, não se limitam a explicar propriedades implicitamente presentes desde o início. As estruturas cognitivas, como se sabe, consistem em construções de novos modelos, acompanhando a elaboração de esquemas cada vez mais ricos e coerentes. Segundo Chiarottino, o fato de Piaget ter admitido que o aspecto figurativo do conhecimento estaria subordinado às estruturas operatórias oriundas da ação, ou, em outras palavras, o fato de ele ter afirmado que o funcionamento cognitivo obedeceria a certa lógica, não significa que tenha reduzido a experiência vivida a um sistema lógico que independe da ação. É preciso não esquecer que as estruturas mentais funcionam, justamente, pela classificação e ordenação das experiências. Chiarottino ressalta, ainda, que esse mesmo funcionamento é condição de extrema importância para o ato de conhecer, aprender ou atribuir significados (já que compreende os mecanismos básicos para a ação). A construção do conhecimento (do real) é uma conquista do homem realizada com base na ação.

De acordo com a concepção psicogenética, ao agir sobre os objetos, o sujeito não apenas extrai suas características intrínsecas como também lhes acrescenta algo, na medida em que combina e efetua deduções a partir dessas características abstraídas. Esse fato pode ser verificado em dois tipos básicos de ação ou de experiência com os objetos: a experiência física e a experiência lógico-matemática. Segundo Piaget e Gréco (1974, p. 37),

> [...] a experiência física consiste, com efeito, em agir sobre os objetos de maneira a descobrir as propriedades que ainda são abstratas nesses objetos como tais: por exemplo, sopesar um corpo a fim de avaliar seu peso.

Desse tipo de ação, decorre o que Piaget denominou "abstração empírica ou simples", que implicaria extrair de uma classe de objetos suas características comuns. Já a experiência lógico-matemática

> [...] consiste igualmente em agir sobre os objetos, mas de forma a descobrir propriedades que estão, pelo contrário, abstratas das ações mesmas do

sujeito, de tal forma que, num certo nível de abstração, a experiência sobre os objetos se torna inútil e a coordenação das ações basta para engendrar uma manipulação operatória simplesmente simbólica e procedendo assim de maneira puramente dedutiva. (Idem, ibidem)

Quando a criança descobre que a soma de um conjunto independe da ordem espacial dos elementos, ela está abstraindo o conhecimento da própria ação, e não dos objetos. O sujeito age sobre os objetos, estabelecendo ou construindo novas relações. Às ações dessa natureza Piaget denominou "abstração reflexiva" ou "construtiva". De um sistema de ações ou operações de nível inferior, o sujeito abstrai certas características (formas) que permitem a reflexão sobre ações ou operações de nível superior. Na obra *Fazer e compreender* (1978b, p. 176), Piaget retomou essa questão, insistindo na sensível diferença entre os dois tipos de ação ou experiência identificados. A ação física é de caráter material e causal, visto que se refere à coordenação de movimentos; por decorrência, o conhecimento é tirado dos próprios objetos. Enquanto a ação lógico-matemática é de natureza implicativa, no sentido que procura estabelecer ligações entre significações e, nesse caso, o conhecimento provém das ações que o sujeito exerce sobre os objetos.

O ser humano, segundo Piaget, nasce com a possibilidade de, na interação com o meio ambiente, construir seus esquemas de ação, integrando-os em sistemas cada vez mais abrangentes. Diz Chiarottino (1984, p. 67):

> Ao se construírem em nível exógeno, esses esquemas dão origem a uma transformação em nível endógeno ou neuronal que permitirá novas recepções de estímulos do meio. A esses, o organismo "responderá" construindo outros esquemas de ação, provocando, concomitantemente, novas transformações em nível neuronal, que se constituirão nas estruturas mentais.

Assim sendo, pode-se afirmar que, para Piaget, o conhecimento compreenderia duas grandes fases: a exógena e a endógena. A primeira define-se como a fase da constatação, da abstração empírica. A segunda é a fase da compreensão, do estabelecimento de relações, das explicações – logo, da abstração reflexiva. Nessa perspectiva, todas as estruturas de conhecimento precedem à ação, sendo que, do nível sensório-motor ao nível operatório-formal, assiste-se a uma reorganização contínua dessas estruturas que se encaminham para formas de pensamento cada vez mais ricas. O processo de construção do conhecimento obedece, pois, a uma linha evolutiva que parte da ação consciente e conduz ao pensamento formal, ou seja, ao conhecimento lógico-matemático.

Na concepção de Piaget, o problema do conhecimento estaria estreitamente vinculado ao problema da aprendizagem: aprender é saber fazer (realizar), e conhecer é compreender a situação, distinguindo as relações necessárias das eventuais. Conhecer é atribuir significado às coisas, considerando não apenas os aspectos explícitos do fenômeno, mas principalmente os implícitos, os possíveis.

Piaget distinguiu aprendizagem de maturação, destacando que a maturação é baseada exclusivamente em processos fisiológicos; também distinguiu aprendizagem de conhecimento, pois, para ele, o conhecimento se definiria pela soma de coordenações que, passadas por um lento processo de desenvolvimento, encontram-se disponíveis para o organismo em determinado estágio. Já o conceito de aprendizagem, em sentido estrito, estaria vinculado às aquisições que decorrem, fundamentalmente, das contribuições provenientes do meio externo. Dessa forma, Piaget diferenciou, também, a aprendizagem do processo de equilibração, o qual regula o desenvolvimento dos esquemas operativos de acordo com as contribuições internas ao organismo. Toda aprendizagem pressupõe a utilização de mecanismos não aprendidos, ou seja, pressupõe a utilização de um sistema lógico (ou pré-lógico) capaz de organizar as novas informações. Esse sistema encontra-se, justamente, no terreno da equilibração.

Segundo o autor, as teorias psicológicas contemporâneas explicavam o processo de aprendizagem a partir de fatores maturacionais, internos ao sujeito (inatismo), ou em função da experiência adquirida no meio social (empirismo). A visão de Piaget sobre essa questão englobou e ultrapassou as duas posturas citadas ao admitir a participação de um terceiro fator: o sistema de equilibração, cuja natureza não é nem hereditária nem adquirida. Trata-se de um mecanismo de ordem mais geral que se estrutura graças à conjugação da maturação com a ação da criança. A equilibração se explica pois, nas etapas sucessivas, as formas pelas quais os esquemas operam apresentam um nível maior de complexidade e plasticidade, tendo em vista os resultados obtidos nas etapas anteriores. O sistema de equilibração coloca-se como elo de ligação entre o desenvolvimento e a aprendizagem, combinando os fatores de ação externa com os de organização interna, inerentes à estrutura cognitiva.

Do ponto de vista piagetiano, o processo de conhecimento implica a disponibilidade de esquemas operativos, uma vez que só pode ser efetuado por meio da ação. Não obstante, vale observar que esses esquemas operativos podem ser tanto condições de aprendizagem como produto delas. Por um lado, todo novo esquema é um produto de aprendizagem, na medida em que resulta da diferenciação e pressupõe uma acomodação que depende da experiência. Por outro lado, para que a aprendizagem ocorra, o sujeito deve dispor de alguns esquemas prévios que possam ser diferenciados no decorrer de novas assimilações. Em outras palavras, o conteúdo dos esquemas é aprendido, enquanto seu caráter generalizável (sua forma) não é uma consequência das aprendizagens efetuadas, mas decorre, diretamente, do processo de desenvolvimento. É certo que o desenvolvimento dessas formas depende, também, da interação com o meio. No entanto, não se pode esquecer que em Piaget esse desenvolvimento, além de estar diretamente vinculado ao processo de maturação do sistema nervoso, implicaria uma atividade que não foi aprendida. Trata-se, no caso, da atividade conjunta dos mecanismos de assimilação e acomodação, com a preponderância do segundo sobre o primeiro na elaboração do esquema. No que se refere a essa questão, Furth (1974, p. 267) diz o seguinte:

> Aquilo que é aprendido no sentido estrito é a totalidade de diferenciações devidas à acomodação como origem dos esquemas novos, diante da crescente diversidade dos conteúdos. No entanto, aquilo que não é aprendido no sentido estrito é a atividade assimilativa, com sua consequente equilibração entre assimilação e acomodação.

A criança nasce com a capacidade de exercitar seus esquemas de atividade adaptativa com certa independência, do específico e do imediato. Logo, o papel que o ambiente social pode exercer na aquisição de um conteúdo fica diminuído em função da natureza ativa e autossuficiente dos mecanismos (internos) de desenvolvimento.

Piaget identificou dois tipos de aprendizagem: um em sentido estrito e outro em sentido amplo. No sentido estrito, aprendizagem refere-se aos conteúdos adquiridos em função da experiência. Já a aprendizagem em sentido amplo compreende as aquisições que não são derivadas, diretamente, da experiência, mas construídas por processos dedutivos. Segundo Piaget e Gréco (1974, p. 53): "mesmo se a transitividade se aprende (o que significa pois dizer em função da experiência), seu emprego, uma vez o mecanismo constituído, dá lugar a aquisições novas que como tais não se devem mais à experiência". É sabido que, somente a partir do nível operatório (cujo início se dá por volta dos 7-8 anos de idade), a dedução passa a constituir uma fonte de aquisições independente da experiência. Entretanto, nos estágios precedentes, podem-se observar aquisições que não são produzidas pela experiência. São aprendizagens possibilitadas por um sistema não propriamente dedutivo, mas por um sistema dotado de organização suficiente para dar lugar a conhecimentos novos. Portanto, a aprendizagem nesse sentido mais amplo refere-se ao processo de constituição das estruturas operatórias do pensamento, refere-se à constituição das formas de pensamento. Quando Piaget falava em aprendizagem, no sentido geral, ele estava se reportando ao processo de desenvolvimento. Na verdade, a aprendizagem propriamente dita equivale tão somente à aquisição de novos conteúdos. Como todo conteúdo só pode ser atingido pela mediação de uma forma, não é difícil perceber que, na concepção de Piaget, o processo de aprendizagem seria subjugado ao processo de desenvolvimento, sendo por este condicionado. Ora, admitir que o processo de desenvolvimento antecede a aprendizagem significa priorizar a atividade do sujeito em detrimento das contribuições do objeto de conhecimento, do meio social.

As contribuições ou adjunções do sujeito, postuladas por Piaget, ficam mais evidentes retomando-se sua análise sobre as implicações da motivação e da necessidade no processo de aprendizagem. Segundo Piaget, quanto mais uma teoria de aprendizagem se distanciasse das necessidades do sujeito, mais ela teria de apelar para fatores motivacionais (externos) que explicassem o desencadeamento do processo de aprendizagem. Quando ocorre esse privilégio da motivação em detrimento das necessidades, considera-se que o aspecto cognitivo da aprendizagem não contenha nenhuma contribuição efetiva por parte do sujeito. Isso equivale a dizer que os conhecimentos adquiridos graças à ação das crianças são fundamentalmente determinados pela natureza dos objetos aos quais ela se dirige, reduzindo as contribuições do sujeito aos interesses que ativam tais aquisições. Opondo-se a essa postura, Piaget entendia que a necessidade e a estrutura cognitiva são dois aspectos da conduta humana indissociáveis: a necessidade é sempre solidária a determinado nível de organização estrutural, sem o qual os desequilíbrios não poderiam ocorrer. Ela é uma das manifestações da dinâmica afetivo-cognitiva da estrutura mental que exprimem uma tensão momentânea ou desequilíbrio. É justamente esse sistema de organização estrutural o responsável pela possibilidade de a necessidade ser constituída. Assim, segundo o raciocínio piagetiano, é pertinente acreditar que as situações de aprendizagem devem ter em conta a necessidade da criança, em vez de se ocuparem com as motivações provenientes do meio físico ou social.

De acordo com Piaget, nos processos de aprendizagem mais elementares, seria fácil considerar a necessidade uma variável independente. No entanto, quando se analisam formas mais especializadas de aquisição, por exemplo a aprendizagem de uma lei de sucessão, as necessidades e os interesses em questão serão também cada vez mais especializados, demonstrando estreita correspondência com as estruturas cognitivas em jogo. Nesse nível de desenvolvimento, afirmam Piaget e Gréco (1974, p. 45), a contribuição do sujeito ficaria extremamente evidente, manifestando-se em dois sentidos:

> [...] por um lado, afetiva enquanto manifestação das tendências de uma certa forma que facilitarão em diversos graus a aprendizagem, mais cognitiva, por outro lado igualmente, enquanto dispondo de alguns modos de estruturação dos dados. Que esses modos de estruturação resultem eles mesmos de aprendizagens anteriores não impede que, em todos os nívcis, os interesses e as necessidades que intervieram nessas aprendizagens fossem eles mesmos solidários das estruturas já construídas ou em vias de construção, e isso até as estruturas hereditárias de partida.

Percebe-se que a aprendizagem teria mais chance de ser efetiva quando pautada nas necessidades da criança. Primeiro, porque o interesse partiria da própria criança, revelando que seu nível de organização mental está apto a realizar tal aquisição, já que a necessidade traz implícitas as formas ou estruturas cognitivas das quais a criança dispõe. Segundo, porque a aprendizagem passaria a ser o meio pelo qual a necessidade pode ser satisfeita, tornando-se necessária.

Os princípios piagetianos que orientam essa análise em torno da origem dos estímulos da ação (provenientes da motivação externa ou da necessidade interna) se encontram, também, na base do exame crítico sobre a significação do reforço. Piaget distingue os reforços externos (que se devem à influência dos objetos sobre o sujeito) dos reforços internos (que derivam de um prazer funcional consequente da atividade do sujeito). A primeira forma de reforço, o externo, só apresenta resultado satisfatório e, portanto, só se justifica quando a situação de aprendizagem caracteriza-se como uma experiência essencialmente física, empírica, pois, nesse caso, a criança não possui uma necessidade real. Ao contrário, ela simplesmente pressente um estado. O reforço externo exprime apenas a influência do objeto ou do meio externo sobre o sujeito na aquisição de um modo de conhecimento. Piaget estava particularmente interessado na contribuição do outro polo, ou seja, na contribuição do sujeito para a aprendizagem – daí suas considerações sobre o reforço interno. Ele lembrou que a grande maioria das situações de aprendizagem (especialmente com as crianças que já desenvolveram o pensamento operatório) repousa numa estrutura lógico-matemática e, por isso, comporta uma razão necessária. Nesse caso, o reforço deve ser sempre interno, fundamentado na necessidade que o sujeito tem de encontrar uma razão explicativa para o fato ou o fenômeno, e na satisfação de encontrá-la ou até mesmo de entrevê-la. Na medida em que a satisfação da necessidade não se vincula mais a um sucesso empírico, e sim a um êxito sobre a atividade dedutiva do sujeito, a única alternativa de fato eficiente nessas situações de aprendizagem é o reforço interno.

Essa breve retomada das discussões feitas por Piaget sobre a natureza dos estímulos e dos reforços para a ação corrobora a hipótese de que o processo de aprendizagem estaria, indiscutivelmente, alicerçado nas condições postas pelo desenvolvimento. Essa constatação não tem, entretanto, nenhuma intenção de ignorar o princípio piagetiano da existência de implicação mútua entre os processos de desenvolvimento e aprendizagem. Segundo Piaget (1975, p. 26),

> [...] o organismo e o meio constituem um todo indissociável; isso significa que, a par das mutações fortuitas, é preciso levar em conta as variações adaptativas que implicam, ao mesmo tempo, uma construção própria do organismo e uma ação do meio, sendo os dois termos inseparáveis um do outro. Do ponto de vista do conhecimento, isso significa que a atividade do sujeito é relativa à constituição do objeto, do mesmo modo que esta implica aquela: é a afirmação de uma interdependência irredutível entre a experiência e a razão.

O que equivale a dizer que há uma interdependência irredutível entre aprendizagem e desenvolvimento. A experiência mencionada acima por Piaget referia-se à ação física sobre os objetos, à aprendizagem. Já a razão subentende combinações lógico-dedutivas a partir de características abstraídas dos objetos, que possibilitarão o aparecimento de novos esquemas, novas formas de pensamento, correspondendo, portanto, ao desenvolvimento cognitivo.

Durante uma conferência no Centro Internacional de Epistemologia Genética (Genebra, 1971) sobre desenvolvimento e aprendizagem, Piaget fez uma distinção entre esses dois fenômenos. Ele lembrou que a aprendizagem seria, em geral, provocada por situações externas, enquanto o desenvolvimento é um processo espontâneo, ligado à embriogênese e que se refere, em última análise, à totalidade das estruturas de conhecimento. Para o autor, o desenvolvimento do pensamento – que tem início com o nascimento e termina com a aquisição do raciocínio lógico-formal – seria comparável ao crescimento orgânico: como este, o desenvolvimento do pensamento orienta-se sempre para um estado de equilíbrio. Da mesma maneira que um corpo evolui até alcançar um nível relativamente estável (no qual a maturidade e o crescimento dos órgãos se encontram concluídos), também a vida mental pode ser concebida como uma dinâmica que evolui rumo a uma forma de equilíbrio final, representada pelo pensamento adulto. Assim, o desenvolvimento pode ser entendido como um processo de equilibração progressiva; uma passagem contínua de um estado de menor equilíbrio para um estado de equilíbrio superior. É preciso ressaltar, no entanto, que entre a dinâmica do corpo e a do pensamento existe uma diferença essencial: a forma final de equilíbrio atingida pelo crescimento orgânico do corpo é mais estática e instável, de modo que, concluída a evolução ascendente, tem início, naturalmente, uma evolução regressiva, que encaminha para a velhice. Já o desenvolvimento do pensamento tende a um equilíbrio móvel. Quanto mais desenvolvidas forem as formas de pensamento, maiores serão sua estabilidade e plasticidade. A curva do desenvolvimento do pensamento, ao contrário da do crescimento orgânico, é sempre ascendente.

Piaget defendia a tese de que as estruturas operatórias constituiriam a base do conhecimento. O problema central do desenvolvimento consiste em explicar a formação (elaboração) e o funcionamento dessas estruturas. Como foi visto na primeira parte deste capítulo, o processo de desenvolvimento compreende quatro estágios ou períodos durante a construção de todas as formas de pensamento humano, indo desde meros esquemas perceptivos até estruturas mais complexas de raciocínio, ou seja, até o pensamento hipotético-dedutivo. Piaget identificou quatro fatores responsáveis por esse processo de desenvolvimento: a maturação, a experiência física, as transmissões culturais e a equilibração ou autorregulação. Este último desempenha um papel extremamente importante no processo de desenvolvimento, pois coordena os demais fatores, equilibrando-os. Por meio das interações com o meio físico e social, a criança assimila novos objetos, novas experiências, cujas formas não se enquadram em seus esquemas disponíveis, ocorrendo um desequilíbrio. Diante de uma perturbação externa, a criança, naturalmente, reage no sentido de compensá-la, recobrando o estado de equilíbrio. Nesses momentos de desequilíbrios e reequilibrações, o que na verdade ocorre é a elaboração de novas combinações e, por conseguinte, a formação de novos esquemas de ação. Essa dinâmica, pela qual o sujeito se autorregula, manifesta-se numa sucessão de níveis de equilíbrio cada vez mais flexíveis, que atingem seu ápice na idade adulta, com a constituição do pensamento lógico-formal.

Em síntese, o processo de desenvolvimento mental é constituído, fundamentalmente, por elementos variáveis e invariáveis. Os elementos variáveis são as construções mentais que o sujeito efetua ao longo de seu desenvolvimento. Como já foi dito, do pensamento infantil ao pensamento adulto, assiste-se a uma construção sucessiva de novos esquemas que se diferenciam de seus precedentes por serem cada vez mais ricos e flexíveis. Os elementos invariáveis, por sua vez, são justamente os que agem como suporte, como condição para que a estruturação progressiva do conhecimento possa ocorrer, a saber: os mecanismos de adaptação e de organização – as duas grandes funções do pensamento que permanecem constantes (invariáveis) durante todo o desenvolvimento.

Sobre a relação entre desenvolvimento e aprendizagem, é possível inferir que, em Piaget, a aprendizagem obedeceria às mesmas leis do desenvolvimento. O desenvolvimento é um processo mais geral, ligado à totalidade das estruturas de conhecimento, no qual cada elemento de aprendizagem ocorre como uma função. Logo, o processo de desenvolvimento pode explicar muitos aspectos da aprendizagem, mas o inverso não é verdadeiro, quer dizer, as teses de aprendizagem não podem explicar o desenvolvimento. Do ponto de vista psicogenético, a principal relação entre esses dois fenômenos é a assimilação, entendida como integração de uma realidade a uma estrutura de pensamento. Ambos os processos – aprendizagem e desenvolvimento – pressupõem uma ação assimilativa por parte do sujeito. A teoria piagetiana, como se sabe, atribuiu ênfase a essa atividade. Tanto que, de acordo com seus postulados, a didática ou pedagogia só poderia transformar significativamente o sujeito quando estivesse inteiramente voltada para suas ações ou operações.

Sem dúvida, Piaget assumiu uma postura interacionista ao analisar a relação entre desenvolvimento e aprendizagem. Basta lembrar que o conhecimento, segundo ele, seria constituído na interação do sujeito com o mundo externo (objetos e pessoas). Contudo, fica patente em sua teoria a destacada importância ao aspecto funcional do pensamento, o que denota prioridade ao processo de desenvolvimento. Piaget (1975, p. 14) afirmou:

> [...] se existe verdadeiramente um núcleo funcional da organização intelectual que promana da organização biológica no que ela tem de mais genérico, é evidente que esta invariante orientará o conjunto das sucessivas estruturas que a razão vai elaborar em seu contato com o real; desempenhará assim o papel que os filósofos atribuíram ao *a priori*, quer dizer, imporá às estruturas certas condições necessárias e irredutíveis de existência.

Não obstante, é preciso considerar que as estruturas do conhecimento não são dadas *a priori*. Ao contrário, a construção delas implica necessariamente uma troca efetiva da criança com o meio. Assim, pode-se dizer que, para Piaget, o desenvolvimento do pensamento só se verificaria no processo de interação. No entanto, durante essa dinâmica interativa, o sujeito do conhecimento adquire primazia sobre o objeto a ser conhecido, uma vez que ele detém as condições básicas para que o desenvolvimento ocorra, quais sejam: a maturação biológica e os mecanismos de adaptação e de organização. Sobretudo, é principalmente pela ação do sujeito individual (e não do meio sobre ele) que o conhecimento se estrutura.

2
A concepção de Lev Semenovich Vigotski

PROPOSTA TEÓRICA

Lev Semenovich Vigotski nasceu em Orsha, uma pequena cidade provinciana da Rússia Ocidental, dia 5 de novembro de 1896, e morreu precocemente, vítima de tuberculose, em 11 de junho de 1934. Sua trajetória como estudante foi marcada por uma conduta extremamente responsável e competente. Ao término do primeiro grau, em 1913, o destacado desempenho de Vigotski foi reconhecido publicamente, ao ser condecorado com medalha de ouro. Em seu tempo de estudante universitário, dedicou-se principalmente à leitura de trabalhos das áreas de linguística, ciências sociais, psicologia, filosofia e arte. Em 1917, concluiu seus estudos em direito e em filosofia na Universidade de Moscou; posteriormente, cursou também medicina e especializou-se em literatura.

A atuação profissional de Vigotski foi intensa e profícua. De 1917 a 1923, foi professor de literatura e psicologia numa escola de Gomel. Nessa mesma cidade, dirigiu a seção de teatro do Centro de Educação de Adultos, fundou a revista literária *Verask*, na qual publicou sua primeira pesquisa em literatura, "A psicologia da arte", e criou um laboratório de psicologia no Instituto de Treinamento de Professores, onde ministrava cursos de psicologia.

No início de 1924, durante o II Congresso de Psiconeurologia, em Leningrado (na época, o mais importante fórum para os cientistas que trabalhavam na área de psicologia geral), Vigotski conheceu Alexander R. Luria, membro do Instituto de Psicologia de Moscou, que havia se deixado impressionar pelas ideias e propostas que Vigotski acabara de expor. Por influência de Luria, Vigotski foi convidado a integrar o corpo de assistentes do referido instituto. Mudou-se para Moscou no outono do mesmo ano, onde, além de trabalhar com um grupo de talentosos colaboradores, como A. R. Luria, A. N. Leontiev, L. S. Sakharov e outros, fundou o Instituto de Estudos das Deficiências. Nessa mesma época, ele dirigiu um departamento de educação especial para deficientes físicos e mentais em Narcompros, além de ministrar cursos na Academia Krupskaya de Educação Comunista, na Segunda Universidade Estadual de Moscou.

Foi em decorrência dessa experiência com educação especial que Vigotski passou a se interessar, mais sistematicamente, pela psicologia. De 1925 a 1934, atuou como professor na área de psicopedagogia em Moscou e em Leningrado. Nesse período, liderou um grupo de jovens cientistas comprometidos em pesquisas nas diferentes áreas da psicologia, as quais se propunham a realizar uma análise histórico-crítica da situação da psicologia na Rússia e no resto do mundo. O objetivo último desses teóricos era propor, a partir das conclusões obtidas, uma nova forma, um modelo mais abrangente que explicasse os processos psicológicos humanos. Como disse Luria (1977, p. 23), "uma nova síntese das verdades parciais dos modos anteriores de estudo deveria ser encontrada". Os contornos dessa nova síntese foram delineados por Vigotski. Seu trabalho teve início quando, estudando profundamente as psicologias europeia, alemã e americana, ele detectou a chamada "crise da psicologia". Em sua opinião, a situação dessa ciência no início do século XX era, em todo o mundo, extremamente paradoxal.

Vigotski e Piaget, coincidentemente, nasceram no mesmo ano e suas obras foram iniciadas mais ou menos na mesma época. Assim, o cenário da psicologia com o qual Vigotski depara não é diferente da situação enfrentada por Piaget. Entretanto, é importante ressaltar que essas afirmações não são, em absoluto, tentativas de minimizar as divergências expressivas entre os contextos político-sociais em que cada um viveu e, a partir dos quais, elaboraram suas teorias. Como foi dito anteriormente, no Capítulo 1, no final do século XIX a ciência psicológica estava dividida em duas correntes irreconciliáveis. Por um lado, um grupo de teóricos – principalmente americanos –, influenciados pela filosofia empirista de John Locke, acreditava na origem das ideias a partir de sensações produzidas por estímulo ambiental. Daí surgiu uma psicologia embasada nas ciências naturais, comprometida com o estudo dos processos sensoriais e reflexológicos. Já na Europa, os seguidores de Descartes e Kant constituíam outro grupo, preocupado em demonstrar que o nível de consciência abstrata depende da manifestação de faculdades espirituais originalmente existentes no psiquismo humano. Essa forma de entender os fenômenos psíquicos produziu concepções psicológicas de caráter idealista e, portanto, fundamentalmente divergentes do conhecimento construído com base na filosofia naturalista.

Na verdade, ainda hoje existe esse conflito entre as duas abordagens, não apenas no campo da psicologia, mas no mundo da ciência como um todo. Contudo, como lembram Cole e Scribner, é preciso considerar que, por volta de 1860, a natureza dessa discussão sofreu uma significativa intervenção, reorientada pela publicação simultânea de três grandes obras: *A origem das espécies* (1859), de Charles Darwin; *Elementos da psicofísica* (1860), de Gustav Fechner; e *Reflexos do cérebro* (1863), de Iván Séchenov. Esses três livros caracterizam a essência do pensamento psicológico do final do século XIX:

> Darwin uniu animais e seres humanos num sistema conceitual único regulado por leis naturais; Fechner forneceu um exemplo do que seria uma lei natural que descrevesse as relações entre eventos físicos e o funcionamento da mente; Séchenov, extrapolando observações feitas em preparações neuromusculares isoladas de rãs, propôs uma teoria fisiológica do funcio-

namento de tais processos mentais em seres humanos normais. (In: Vigotski, 1988, p. 3)

Apesar de esses estudiosos não serem considerados psicólogos, eles levantaram as questões com as quais as comunidades científicas em psicologia se ocuparam na segunda metade do século XIX. Como se sabe, essas questões se voltavam basicamente para as relações entre comportamento humano e animal, entre caracteres adquiridos e hereditários, e entre processos fisiológicos e psicológicos. Entre as mais difundidas correntes psicológicas, cujas origens remetem a essas três abordagens, podem ser citadas: a psicologia introspectiva, de Wilhelm Wundt; a reflexológica, de Ivan Pavlov; e a psicologia da forma ou Gestalt, dos alemães Max Wertheimer, Wolfgang Köhler e Kurt Koffka.

Na Rússia, durante as primeiras décadas após a revolução, a situação não era muito diferente. As pesquisas em psicologia também se moviam entre correntes antagônicas, cujos estudos mantinham o mesmo caráter parcial observado nos trabalhos de psicólogos americanos e europeus. O primeiro teórico a intervir nessa situação, com o intuito de estudar as funções psicológicas superiores em sua totalidade, foi o soviético K. N. Kornilov. Segundo ele, a psicologia só poderia cumprir essa tarefa se adotasse como ponto de partida os pressupostos filosóficos implícitos nos postulados de Karl Marx. Assim, tomando como base o comportamento humano, Kornilov empreendeu esforços para submeter todas as áreas da psicologia aos princípios da dialética marxista.

Mas, de acordo com Rubinstein (1972, p. 162-63), outro grande nome da psicologia soviética,

> Kornilov proclamou uma psicologia marxista e quis realizá-la através de uma "síntese" da psicologia do comportamento e da psicologia da consciência. Para isso, reuniu naturalmente só o ponto de vista mecanicista da primeira com o idealismo da segunda, enquanto que o verdadeiro consistia em

ultrapassar tanto o critério mecanicista do comportamento como o idealismo da consciência.

Portanto, para Rubinstein, Kornilov não atingiu seu propósito: ao centrar-se nas reações comportamentais, tomando-as como elementos básicos de sua teoria, Kornilov não elucidou o papel da consciência na atividade humana nem desenvolveu, de fato, uma teoria que fosse eclético-mecanicista, para a qual os fatores biológicos e sociais determinam por antecipação o desenvolvimento do comportamento e da personalidade.

Quando Vigotski iniciou seu trabalho em psicologia, ele sofreu influência de Kornilov, que no momento ocupava a direção do Instituto de Psicologia de Moscou. Porém, no Segundo Encontro de Neuropsicologia (1924), ao proferir a palestra intitulada *Consciência como um objeto da psicologia do comportamento*, Vigotski expôs sua compreensão teórico-metodológica, distanciando-se dos modelos psicológicos vigentes, incluindo o adotado por Kornilov. Nessa ocasião, ele ressaltou a inexistência de escolas, nessa área, que pudessem oferecer as bases necessárias para o estabelecimento de uma teoria unificada dos processos psicológicos humanos, uma vez que a psicologia não dispunha de uma abordagem capaz de superar os antagonismos em torno de seu objeto de estudo.

Durante esse mesmo encontro, ao falar da crise que se abatia sobre a ciência psicológica, Vigotski assumiu a responsabilidade de formular, em um novo modelo teórico, uma síntese das concepções antagônicas. Para ele, o impasse pelo qual passava a psicologia não era devido apenas à sua incapacidade para explicar os comportamentos complexos. A origem da crise era muito mais profunda, residindo na cisão que havia sido operada em seu objeto de estudo. De acordo com Cole e Scribner, Vigotski pretendia desenvolver uma abordagem abrangente, capaz de explicar as funções psicológicas superiores em termos aceitáveis para a ciência natural. Essa abordagem deveria incluir:

a identificação dos mecanismos cerebrais subjacentes a uma determinada função; a explicação detalhada da sua história ao longo do desenvolvimento com o objetivo de estabelecer as relações entre formas simples e complexas daquilo que aparentava ser o mesmo comportamento; e, de forma importante, deveria incluir a especificação do contexto inicial em que se deu o desenvolvimento do comportamento. (In: Vigotski, 1988, p. 6)

Com esses postulados, Vigotski abriu as fronteiras na área de psicologia, tornando-se pioneiro na descrição dos mecanismos pelos quais a cultura incorpora-se na natureza de cada pessoa, enfatizando as origens sociais da linguagem e do pensamento. Sua proposta completou-se quando, tomando a ideia de Kornilov, ele conseguiu demonstrar como a epistemologia dialético--materialista deveria orientar o estudo dos fenômenos psíquicos.

Vigotski não era o único psicólogo soviético preocupado em construir uma psicologia que pudesse responder à problemática político-social de seu país naquela época. Desde a Revolução, em 1917, outros teóricos vinham se dedicando aos mesmos propósitos. Entre eles, os que exerceram maior influência sobre as ideias de Vigotski foram o já citado K. N. Kornilov e P. P. Blonsky, com quem ele manteve estreitas relações de trabalho. Blonsky acreditava que as funções mentais complexas só poderiam ser entendidas por meio da análise do desenvolvimento humano. Nesse sentido, empenhou-se em explicar a relação direta que, segundo ele, existia entre o psicólogo e as atividades do homem. As pesquisas de Blonsky – preocupadas em elucidar a influência do social no desenvolvimento das funções psíquicas do homem – muito contribuíram para que Vigotski percebesse a necessidade de estudar o comportamento humano como fenômeno determinado histórica e socialmente.

Vigotski e seus companheiros também ficaram impressionados pelo trabalho sobre a história dos processos mentais que alguns sociólogos e antropólogos de renome, como Richard Thurnwald e Lucien Lévy-Bruhl, vinham desenvolvendo na

Europa Ocidental. Tal interesse se explica pelo fato de essas pesquisas se orientarem pelos mesmos pressupostos teórico-metodológicos que Vigotski e seus colaboradores haviam adotado. A partir da interação com os estudos desses dois pesquisadores, Vigotski e Alexander Luria publicaram, em 1930, um artigo intitulado "Estudos sobre a história do comportamento".

Segundo Cole e Scribner, além da sociologia e da antropologia, outra área que vinha adotando essa conduta histórica em suas pesquisas e, de alguma forma, influenciou o trabalho de Vigotski foi a linguística. Nesse ramo, as discussões centravam-se na questão da origem da linguagem, buscando explicitar sua possível influência sobre o desenvolvimento do pensamento – problemática que atravessa toda a obra de Vigotski.

Além do cenário acadêmico descrito, para entender o pensamento de Vigotski é preciso levar em conta o contexto sociopolítico no qual ele concebeu e desenvolveu suas hipóteses. Trabalhando numa sociedade em que a ciência, como instrumento a serviço dos ideais revolucionários, era extremamente valorizada, ele, como tantos outros, se empenhou em construir uma psicologia que viesse ao encontro dos problemas sociais e econômicos do povo soviético. Essa área de conhecimento não poderia ser reelaborada sem que fossem consideradas as necessidades práticas exigidas pelo novo sistema político-econômico. Naquele momento, a União Soviética passava por um período de forte afirmação ideológica, que se reflete também nos postulados de Vigotski.

Apesar de ter vivido pouco, esse autor escreveu uma vasta e importante obra, da qual apenas alguns artigos e poucos livros – entre eles *A formação social da mente* (1962) e *Pensamento e linguagem* (1934) – foram traduzidos para o português. A morte prematura interrompeu o trabalho de Vigotski, mas suas ideias não foram esquecidas. Graças a seus colaboradores, especialmente Alexander Luria e Alexei Leontiev, o Laboratório de Estudos Psicológicos de Kharkov, fundado por eles, continua sendo um reduto de pesquisas em várias áreas, tanto básicas como aplicadas, relacionadas aos processos de desenvolvimento cognitivo. Desses dois fiéis seguidores de Vigotski, Luria tornou--se um dos mais renomados neuropsicólogos do mundo. Adotando como princípio básico a ideia de que os processos psicológicos superiores são mediados pela linguagem e estruturados por sistemas funcionais dinâmicos e historicamente mutáveis, ele construiu uma obra científica de singular importância, registrada em dezenas de livros publicados. O trabalho de Leontiev não é menos significativo. Comungando com os mesmos pressupostos filosóficos de Vigotski e Luria, ele ocupou-se, particularmente, do estudo das relações entre o desenvolvimento do psiquismo humano e a cultura. Muitos outros seguidores de Vigotski estão hoje integrados aos diversos institutos que compõem a Academia Soviética de Ciências Pedagógicas, como também em departamentos de psicologia, como o da Universidade de Moscou. Dessa forma, os princípios desse autor permanecem como um aspecto vivo do pensamento psicológico soviético e, mais recentemente, vêm recebendo destacada atenção por parte de estudiosos dos países ocidentais.

Pretendendo sistematizar uma abordagem fundamentalmente nova sobre o processo de desenvolvimento do pensamento, que desse conta das funções cognitivas complexas de um sujeito contextualizado e, portanto, histórico, Vigotski empreendeu um estudo aprofundado das concepções teórico-metodológicas com as quais a psicologia contava para explicar seus fenômenos. Observou que boa parte dos métodos disponíveis apoiava-se no que ele chamou de "estrutura estímulo/resposta". Mas, segundo ele, uma estrutura dessa natureza não serviria de base para o estudo das funções superiores do comportamento humano, podendo, quando muito, ser utilizada como instrumento para registro de experiências com formas subordinadas ou inferiores, as quais não contêm a essência das formas típicas do comportamento humano. Os métodos correntes permitiam identificar apenas as variações quantitativas na complexidade dos estímulos e nas respostas fornecidas por diferentes sujeitos, em seus vários estágios de desenvolvimento. Logo, era preciso desenvolver um novo método que possibilitasse a compreensão da natureza do comportamento humano como parte do desenvolvimento histórico geral da espécie. Para construí-lo, Vigotski buscou subsídios na abordagem dialético-materialista, por acreditar que, em seus princípios, estava a solução para os paradoxos científicos com que se defrontavam seus contemporâneos.

A essência desse novo método deriva diretamente do paralelo estabelecido por Friedrich Engels entre as concepções naturalista e dialética para compreender a história humana. Segundo Engels,

> [...] o naturalismo na análise histórica manifesta-se pela suposição de que somente a natureza afeta os seres humanos e de que somente as condições naturais são os determinantes do desenvolvimento histórico. A abordagem dialética, admitindo a influência da natureza sobre o homem, afirma que o homem, por sua vez, age sobre a natureza e cria, através das mudanças provocadas por ele na natureza, novas condições naturais para sua existência. (In: Vigotski, 1988, p. 69)

Vigotski concordava com esta última posição, adotando-a como norte no desenvolvimento de seu método analítico-experimental.

De acordo com o pensamento marxista, as mudanças históricas na sociedade, na vida material, produzem modificações na "natureza humana", ou seja, na consciência e no comportamento dos homens. Embora essa proposta já tivesse sido estudada por outros teóricos da psicologia, Vigotski foi o primeiro a adotá-la como parâmetro para analisar o desenvolvimento das funções psicológicas superiores. Interpretou, com o devido critério, as concepções de Engels sobre o trabalho humano e o uso de instrumentos como meios pelos quais o homem, transformando a natureza, transforma-se a si próprio. Vigotski e seus colaboradores postularam que esse novo método apoiava-se basicamente em três princípios.

O primeiro diz respeito à distância entre análise de um processo e análise de um objeto. Com ele, o autor pretendia mostrar que os processos de desenvolvimento psicológico não poderiam ser tratados como eventos estáveis e fixos, isto é, como objetos. A análise psicológica não poderia simplesmente decompor seu objeto de estudo nos diferentes elementos que o compõem. Ao contrário, esse trabalho, pela sua natureza, requer uma exposição dinâmica dos principais pontos que definem o processo histórico, recuperando-o. Nessa perspectiva, a nova abordagem estaria voltada prioritariamente para a psicologia do desenvolvimento, apesar de manter algumas características da psicologia experimental. A tarefa do cientista consistiria em reconstruir a origem e o curso do desenvolvimento do comportamento e da consciência, o que não significa nem excluir o método experimental nem empreender estudos sobre comportamento individual por longos períodos de tempo. Vigotski demonstrou o importante papel destinado ao experimento, considerando-o um meio de desvelar os processos que comumente estão encobertos pelo comportamento habitual. Um experimento adequadamente organizado, disse ele, pode pôr à mostra o curso real do desenvolvimento de determinada função. Para tanto, deve-se proporcionar ao sujeito experimental o máximo de oportunidades, para que ele se engaje nas mais variadas atividades que possam ser observadas. Vigotski propôs, portanto, em vez do método clássico, rigorosamente controlado, um método experimental pautado na história do desenvolvimento das funções psicológicas. Aliando-se a outros métodos históricos das ciências sociais, que se definem pela mesma conduta, Vigotski visualizou a história do pensamento da criança na história da cultura e da sociedade, demonstrando as estreitas relações entre os estudos psicológicos, antropológicos e sociológicos no grande empreendimento de explicar o desenvolvimento da consciência humana.

O segundo princípio refere-se à questão da "explicação *versus* descrição". Durante longos anos, a psicologia introspectiva e associacionista ocupou-se com análises, de cunho fenomenológico, pautadas na descrição das similaridades externas ou fenotípicas do comportamento, sem se preocupar com as relações dinâmico--causais subjacentes ao fenômeno. Vigotski (1988, p. 71) rejeitou essas descrições por entender que análise fenotípica é "aquela que começa diretamente pelas manifestações e aparências comuns de um objeto". Segundo ele, a psicologia não poderia desconsiderar as manifestações externas de seu objeto de estudo, mas lembrou que sua função é muito mais profunda e abrangente. Assim, estudar um problema sob o ponto de vista do desenvolvimento significa revelar sua gênese, ou seja, sua natureza genotípica, o que implica ir além das características perceptíveis e desvelar a dinâmica entre os estímulos ou fatores – externos e internos – que causam o fenômeno. A proposta de Vigotski não ignorava a explicação das singularidades fenotípicas, apenas as subordinava à descoberta de suas origens.

O terceiro e último princípio trata do "comportamento fossilizado". De acordo com Vigotski, muitas formas de comportamento, tendo passado por um longo processo de desenvolvimento histórico, tornaram-se mecanizadas, ou seja, fossilizadas. Essas manifestações comportamentais são mais facilmente encontradas em processos psicológicos que, por serem repetidos à exaustão, tornam-se automatizados. O caráter automático cria dificuldades significativas para a análise psicológica, pois transforma a aparência original dos comportamentos, e suas características externas quase nada revelam sobre sua natureza interna. Para equacionar essa problemática, o pesquisador deve procurar interferir na mecanicidade desses comportamentos, fazendo com que, no decorrer do experimento, eles remontem a suas origens. Portanto, estudar um comportamento historicamente significa estudá-lo em sua dinâmica de transformação.

Em síntese, a proposta metodológica de Vigotski, denominada "método funcional da dupla estimulação", é composta por duas variáveis fundamentais: processo e produto. Ele não desprezava o resultado do comportamento, porém privilegiava o estudo do processo por meio do qual se desenvolve o psiquismo humano. Uma vez definido o método, Vigotski empreende uma série de pesquisas com o propósito de estudar os aspectos tipicamente humanos do comportamento e elaborar hipóteses sobre como essas características se formam ao longo da história dos homens e sobre como se desenvolvem durante a vida de um indivíduo. A questão central, para ele, consiste em explicar como a maturação física e a aprendizagem sensório-motora interagem com o ambiente, que é histórico – e em essência social –, de forma a produzir as funções complexas do pensamento humano.

Partindo da concepção de organismo ativo, Vigotski defendeu o princípio de contínua interação entre as condições sociais mutáveis e a base biológica do comportamento humano. Ele observou que, a partir das estruturas orgânicas elementares, determinadas basicamente pela maturação, formam-se novas e mais complexas funções mentais, dependendo da natureza das experiências sociais às quais as crianças são expostas. Os fatores biológicos preponderam sobre os sociais apenas no início da vida. Aos poucos, o desenvolvimento do pensamento e o comportamento da criança passam a ser orientados pelas interações que ela estabelece com pessoas mais experientes. Logo, a maturação por si só não seria suficiente para explicar a aquisição de comportamentos especificamente humanos. Segundo Vigotski, o fato de algumas teorias elegerem a maturação como principal condicionante do desenvolvimento cognitivo decorria, em parte, da convergência entre a psicologia animal e a psicologia da criança: muitos estudiosos não percebiam a singularidade das formas de comportamento humano, considerando-as extensão do comportamento animal. De acordo com Vigotski, as abordagens maturacionais tendiam a supervalorizar os processos intraindividuais, minimizando o impacto do ambiente social no desenvolvimento cognitivo.

Referindo-se ao processo de desenvolvimento psicológico, Vigotski (1988, p. 52) afirmou:

Podem-se distinguir, dentro de um processo geral de desenvolvimento, duas linhas qualitativamente diferentes de desenvolvimento, diferindo quanto a sua origem: de um lado, os processos elementares, que são de origem biológica; de outro, as funções psicológicas superiores, de origem sociocultural. A história do comportamento da criança nasce do entrelaçamento dessas duas linhas. A história do desenvolvimento das funções psicológicas superiores seria impossível sem um estudo de sua pré--história, de suas raízes biológicas, e de seu arranjo orgânico. As raízes do desenvolvimento de duas formas fundamentais, culturais, de comportamento, surge durante a infância: o uso de instrumentos e a fala humana. Isso, por si só, coloca a infância no centro da pré-história do desenvolvimento cultural.

Na perspectiva vigotskiana, as funções complexas do pensamento seria formada principalmente pelas trocas sociais e, nessa interação, o fator de maior peso é a linguagem, ou seja, a comunicação entre os homens. Durante os primeiros meses de vida, o sistema de atividade da criança é determinado pelo seu grau de desenvolvimento orgânico e, em especial, pelo uso de instrumentos. Para interagir com o mundo, a criança dispõe de instrumentos que medeiam tal interação, os quais, para Vigotski, podem ser de duas naturezas: física ou simbólica. Amparado na definição de Marx, segundo a qual os homens "usam as propriedades mecânicas, físicas e químicas dos objetos, fazendo-os agirem como forças que afetam outros objetos no sentido de atingir seus objetivos pessoais" (In: Vigotski, 1988, p. 61), o autor postulou que, tal como os instrumentos físicos, os signos também constituem atividade mediada, uma vez que a essência de seu uso consiste em os homens afetarem, por seu intermédio, o próprio comportamento. A principal diferença entre o instrumento e o signo pode ser observada na forma como eles orientam o comportamento. O instrumento, cuja função é servir de condutor da influência humana sobre o objeto, é orientado externamente, devendo, por conseguinte, promover mudanças nos objetos.

Logo, o instrumento constitui um meio pelo qual a atividade humana controla externamente a natureza. Já o signo não modifica o objeto da operação psicológica, na medida em que se constitui como um meio da atividade interna que controla o próprio indivíduo. Assim, o signo está, ao contrário do instrumento, orientado internamente.

Mas é preciso lembrar que tal diferença não reduz, em absoluto, a ligação real que existe entre as duas formas de atividade. Homem e natureza são dois polos mutuamente ligados – ao alterar a natureza, o homem altera a si próprio. A psicologia tem estudado a história do intelecto prático (o uso de instrumentos) e o desenvolvimento dos processos simbólicos como dois sistemas isolados um do outro, não reconhecendo, portanto, o imbricamento entre essas duas funções. Distanciando-se dessa postura, Vigotski acreditava que é da relação entre a fala e a inteligência prática, da combinação entre o instrumento e o signo, que emergem as funções cognitivas superiores. A esse respeito, ele (1988, p. 26-27) escreveu:

> Embora a inteligência prática e o uso de signos possam operar independentemente em crianças pequenas, a unidade dialética desses sistemas no adulto humano constitui a verdadeira essência do comportamento humano complexo. Nossa análise atribui à atividade simbólica uma função "organizadora" específica que invade o processo do uso de instrumento e produz formas fundamentalmente novas de comportamento.
>
> [...] O momento de maior significado no curso do desenvolvimento intelectual, que dá origem às formas puramente humanas de inteligência prática e abstrata, acontece quando a fala e a atividade prática, então duas linhas completamente independentes de desenvolvimento, convergem.

No período pré-verbal, a ação da criança é comparável à dos macacos antropoides. Mas, quando a fala e o uso de signos se incorporam à ação, esta última se transforma, assumindo características especificamente humanas.

A linguagem intervém no processo de desenvolvimento da criança desde seu nascimento. Quando os adultos nomeiam objetos, estabelecendo associações para ela, estão auxiliando-a na construção de formas mais complexas e sofisticadas de conceber a realidade. Nas situações de vida diária, quando as pessoas chamam a atenção da criança para objetos, pessoas ou fenômenos que ocorrem no meio ambiente, estão oferecendo-lhe elementos por meio dos quais ela organiza sua percepção. Nessa interação, a criança é orientada na discriminação do essencial e do irrelevante, podendo, posteriormente, ser capaz de exercer essa tarefa por si só, ao tentar compreender a realidade. Assim, com a ajuda da linguagem, a criança controla o ambiente e, mais tarde, seu próprio comportamento.

A aquisição de um sistema linguístico organiza todos os processos mentais da criança, dando forma ao pensamento. Mas isso não é tudo. Além de nomear um objeto do mundo externo, a palavra também especifica as principais características desse objeto, generalizando-as para, em seguida, relacioná-las em categorias. Daí a importância da linguagem no desenvolvimento do pensamento: ela sistematiza a experiência direta da criança e orienta seu comportamento, propiciando-lhe condições de ser tanto sujeito como objeto desse comportamento.

Os experimentos de Vigotski demonstraram que a fala não apenas acompanha a atividade prática da criança, como também desempenha um papel específico na sua realização. A criança fala enquanto age porque esses dois fatores são igualmente importantes no esforço para atingir um objetivo. Nesse sentido, ação e fala fazem parte de uma mesma função psicológica. Na teoria vigotskiana, a fala é necessária tal como os olhos e as mãos na execução de tarefas práticas. Quanto mais complexa for a ação requerida pela situação, maior a importância da fala na operação como um todo. Essa unidade de percepção – ação e fala –, responsável pela internalização do campo visual, constitui objeto central nos estudos voltados para a origem das formas caracteristicamente humanas de comportamento.

Ao longo do desenvolvimento, a dinâmica da relação entre fala e ação se altera: no primeiro momento, até por volta dos 3 anos de idade, a fala acompanha as ações da criança e apresenta-se dispersa e caótica, refletindo as vicissitudes do processo de solução da situação em questão. Essa fase foi denominada, por Vigotski, de fala social.

Em um segundo período, aproximadamente dos 3 aos 6 anos, a fala se desloca para o início da ação, terminando por precedê-la. Esse deslocamento temporal da fala implica mudança de função. Agora, ela atua como auxiliar do plano de ação já concebido, mas ainda não realizado. Vigotski identificou esse período como fala egocêntrica, sem no entanto atribuir a mesma conotação que o termo recebe em Piaget. Na concepção piagetiana, a fala egocêntrica não cumpre nenhuma função verdadeiramente útil no comportamento da criança, e simplesmente se atrofia à medida que o pensamento socializado se desenvolve, no período operacional concreto. As experiências de Vigotski lhe sugeriram uma interpretação diferente. Para ele, a fala egocêntrica desempenharia um papel definido e muito importante na atividade da criança. Como já foi dito, essa fala não permanece por muito tempo como um mero acompanhamento da ação: constitui-se num meio de expressão e libertação de tensões, tornando-se logo um instrumento do pensamento. Nessa perspectiva, a fala egocêntrica é um estágio transitório na evolução da fala social para a fala interior.

Após a idade de 6 anos, a fala externa das crianças vai se tornando fragmentada, é substituída por sussurros e, eventualmente, desaparece, tornando-se interna. Por meio dessa internalização progressiva da fala, desenvolve-se a função de autorregulação, e, a partir daí, o sujeito é capaz de controlar suas atividades mentais e seu comportamento. Nessa fase, a fala determina e domina a ação, adquirindo função planejadora, além da função já existente de refletir o mundo exterior. Quando isso acontece, a criança adquire condições de efetuar operações complexas dentro de um universo temporal, deixando de agir apenas no espaço compreendido pelo seu campo visual. Portanto, uma vez dominada a função planejadora da linguagem, o campo psicológico da criança muda de forma radical, ampliando-se enormemente. A fala modifica o conhecimento e a forma de pensar o mundo em que se vive:

> Ao internalizar instruções, as crianças modificam suas operações cognitivas: percepção, atenção, memória, capacidade para solucionar problemas. É dessa maneira que formas historicamente determinadas e socialmente organizadas de operar com informações influenciam o conhecimento individual, a consciência de si e do mundo. (David e Oliveira, 1989, p. 63)

Em síntese, o domínio da fala, atributo do ser humano, permite à criança a utilização de instrumentos auxiliares, o planejamento da ação, o controle de seu próprio comportamento e, ainda, possibilita-lhe o acesso a uma forma de contato social privilegiada. Como se pode perceber, para Vigotski, a história da socialização da inteligência seria definida pela história do processo de internalização da fala social.

Não obstante, os estudos feitos por ele revelaram que o pensamento e a linguagem, além de ter raízes genéticas diferentes, constituem dois sistemas cujos processos de desenvolvimento não são coincidentes, apesar de, em certos momentos, percorrerem o mesmo caminho. Auxiliado pelas pesquisas que Köhler e Robert Yerkes (1921) desenvolveram nesse campo, Vigotski sugeriu que essa análise poderia ser aplicada tanto à filogenia como à ontogenia. Na filogenia do pensamento e da fala, pode-se distinguir uma fase pré-linguística, no desenvolvimento do pensamento, e outra pré-intelectual, no desenvolvimento da fala. A primeira se evidencia nas habilidades inventivas, ainda bastante rudimentares, que a criança começa a apresentar por volta dos 10, 11 ou 12 meses de idade. Trata-se de reações primitivas extremamente importantes para o desenvolvimento mental da criança que, no entanto, são manifestadas independentemente da fala. Por outro lado, o sorriso, o balbucio e o choro, que constituem as raízes pré-intelectuais da fala, não apresentam nenhuma relação com a evolução do pensamento.

Vigotski destacou que o ponto mais importante em seus experimentos sobre a relação entre pensamento e linguagem foi quando ele percebeu que, em determinado momento (aproximadamente aos 2 anos de idade), as curvas de evolução desses dois sistemas, até então separadas, unem-se, dando início a uma nova forma de comportamento. A fala, que na primeira fase era afetivo-conotativa, transforma-se em pensamento verbal, caracterizando a fase intelectual. Esse instante em que a fala passa a servir ao intelecto e o pensamento começa a ser verbalizado pode ser identificado por meio de dois sinais muito claros: a curiosidade ativa e repentina da criança pelas palavras, nomes e objetos, e a significativa ampliação de seu vocabulário.

Na concepção de Vigotski, o desenvolvimento da linguagem seria o paradigma para explicar a formação das demais operações mentais que envolvem o uso de signos. Assim como a linguagem, todas as outras funções psicointelectuais superiores aparecem em dois momentos no curso do desenvolvimento da criança. Primeiro, nas atividades coletivas, ou seja, no plano social e, nesse caso, se definem como funções de caráter interpsíquico. Em seguida, aparecem nas atividades individuais, como propriedades internas do pensamento, passando a ser de natureza intrapsíquica. Nesse sentido, a construção do real parte do social (da interação com outras pessoas) e, gradativamente, vai sendo internalizada pela criança, tornando-se individual. Essa é a forma mediatizada pela qual a criança se apropria do conhecimento historicamente produzido e socialmente disponível.

É preciso observar, no entanto, que, tal como a consciência humana, a linguagem nasce e se desenvolve a partir do e no processo de trabalho. Dessa forma, ela é produto da atividade prática conjunta dos homens e, nesse sentido, é real, concreta, objetiva, existindo tanto para o coletivo como para o sujeito em particular. Graças à linguagem, a consciência de cada ser humano não se restringe à experiência pessoal e às próprias observações, uma vez que, com a aquisição da linguagem, o conhecimento de todos os homens pode tornar-se propriedade de cada um, enriquecendo, por conseguinte, a consciência individual.

O aparecimento da linguagem é, portanto, entendido como um processo vinculado à necessidade de comunicação, oriunda das relações de trabalho. A divisão e progressiva complexidade das tarefas fizeram com que os homens entrassem forçosamente em relação, em comunicação uns com os outros. A esse respeito, Leontiev (1978b, p. 86) escreveu:

> Agindo sobre a natureza, os movimentos de trabalho dos homens agem igualmente sobre os outros participantes na produção. Isto significa que as ações do homem têm nestas condições uma dupla função: uma função imediatamente produtiva e uma função de ação sobre os outros homens, uma função de comunicação.

Essas funções, porém, não permanecem unidas por muito tempo: elas se separam assim que a experiência propicia condições para a apreensão de que, em determinadas condições, a dinâmica do trabalho não produz os resultados práticos que dela se esperavam. Não obstante, tal movimento continua agindo sobre os demais integrantes do trabalho, levando-os à realização da atividade coletiva. Nessa medida, o movimento do trabalho separa-se da ação sobre o objeto, embora conserve sua propriedade de atuar sobre outros homens – ou seja, a função produtiva se perde, ao passo que a função comunicativa se mantém. Em suma, o homem descobre que o movimento conserva seu poder representativo, ainda que tenha perdido o contato prático com o objeto. Esse movimento, separado da tarefa de agir sobre os objetos, configura-se primeiramente em gestos, passando então aos sons e originando, assim, a comunicação verbal.

Isso posto, deve ficar claro que, mesmo que a linguagem tenha um papel verdadeiramente decisivo no processo de formação das funções psíquicas do homem, como Vigotski bem o demonstrou, nem por isso ela pode ser vista como o "demiurgo" do humano no homem. A linguagem é o meio pelo qual se generalizam e se transmitem o conhecimento e a experiência acumulados na e pela prática social e histórica da humanidade. Entretanto, a ontogênese do psiquismo humano não é produzida pela ação dos significados verbais isoladamente. Ao contrário, a apropriação dos conteúdos veiculados pela linguagem se dá num contexto social e historicamente determinado, e, desse modo, sofre influência de todas as circunstâncias materiais próprias ao estágio de desenvolvimento da vida dos indivíduos na sociedade.

Quando Vigotski escreveu sobre as raízes genéticas do pensamento e da linguagem, sugeriu a existência de quatro estágios do desenvolvimento das operações mentais que envolvem o uso de signos. O primeiro, denominado "estágio natural" ou "primitivo", corresponde à fala pré-intelectual, que se manifesta na forma de balbucio, choro e riso, e ao pensamento pré-verbal, que se caracteriza por manifestações intelectuais rudimentares, ligadas à manipulação de instrumentos.

No segundo estágio, das "experiências psicológicas ingênuas", a criança interage com seu próprio corpo, objetos e pessoas à sua volta, buscando aplicar o uso de instrumentos às experiências. Esses exercícios demonstram o início da inteligência prática. Em termos de desenvolvimento linguístico, o período caracteriza-se pelo uso correto das formas e estruturas gramaticais, antes mesmo que a criança tenha entendido suas representações lógicas.

Em outras palavras, ela domina a sintaxe da fala antes de dominar a sintaxe do pensamento.

Na medida em que essas experiências ingênuas vão se acumulando, a criança chega ao terceiro período, identificado como "estágio dos signos exteriores". Nele, o pensamento atua basicamente com operações externas, das quais a criança se apropria para resolver problemas internos. É a fase em que ela, por exemplo, efetua cálculos aritméticos simples usando os dedos ou objetos, recorre a auxiliares mnemônicos etc. No desenvolvimento da fala, esse período corresponde à fala egocêntrica.

O quarto e último estágio é denominado "crescimento interior" e se caracteriza pela interiorização das operações externas. A criança dispõe, agora, da "memória-lógica", isto é, da capacidade de operar relações intrínsecas e signos interiores. Com relação ao desenvolvimento da linguagem, esse é o estágio final, e se define pela fala interior ou silenciosa. Mesmo com a interiorização do pensamento e da linguagem, continua a existir uma constante interação entre as operações internas e externas. A influência registrada entre essas duas formas é mútua, não havendo divisão clara entre os comportamentos externo e interno.

É importante destacar que, para Vigotski, esses estágios de desenvolvimento cognitivo não teriam caráter universal. Reconhecendo a imensa diversidade de condições histórico-sociais em que as crianças vivem, ele acreditava que as oportunidades abertas a cada uma delas são muitas e variadas, enfatizando, mais uma vez, a relevância do social na formação do pensamento. Do ponto de vista vigotskiano, não se pode falar em uma sucessão rígida de estágios, mas sim em coexistência de fases, a depender das condições referidas.

Ao considerar a função da fala, Vigotski ressaltou que o pensamento e os processos linguísticos, mais uma vez, não estão necessariamente ligados, tampouco igualados. O pensamento e a fala podem ser vistos como dois círculos que se cruzam. Nas zonas coincidentes, esses dois fenômenos, juntos, dão origem ao que ele denominou "pensamento verbal". Entretanto, Vigotski fez questão de lembrar que o pensamento verbal não compreende todas as formas de pensamento ou de fala. Uma grande área do pensamento não mantém relação direta com a fala – basta observar, por exemplo, o pensamento manifestado no uso de instrumentos ou, ainda, o intelecto prático de modo geral. Por outro lado, não há razão psicológica para acreditar que todas as formas de atividade verbal sejam oriundas do pensamento. Quando um sujeito recita silenciosamente um poema decorado, por exemplo, não existe nenhum processo de pensamento. Assim, segundo Vigotski, a fusão entre pensamento e fala seria um fenômeno limitado a uma área circunscrita, independentemente da idade do sujeito. O pensamento não verbal e a fala não intelectual não participam dessa fusão e apenas indiretamente são afetados pelos processos de pensamento verbal.

Essas constatações não diminuem a importância inegável que Vigotski atribuiu à linguagem na formação das funções complexas do comportamento humano. Ele concluiu sua análise em torno dessa questão reafirmando que o desenvolvimento do pensamento é determinado pelos instrumentos linguísticos e pela experiência sociocultural da criança.

Concebendo o desenvolvimento das formas superiores de comportamento estreitamente vinculadas ao desenvolvimento sócio-histórico do homem, Vigotski operou a objetivação dos processos psicológicos, analisando-os a partir de condições reais de vida do sujeito, ou seja, a partir de uma base material. Seus pressupostos elucidaram os caminhos pelos quais a natureza do comportamento se transforma de biológica em sócio-histórica. Nessa perspectiva, o pensamento está sujeito às leis que orientam a evolução da cultura humana e, nesse sentido, sofrerá tantas transformações quantas forem registradas na história das relações sociais entre os homens.

PRESSUPOSTOS FILOSÓFICOS E EPISTEMOLÓGICOS

Ao se entrar em contato com o modelo teórico proposto por Vigotski, não é difícil perceber que seus estudos foram profundamente influenciados pelo pensamento de Karl Marx e Friedrich Engels. Foi na dialética materialista que Vigotski buscou subsídios para desenvolver seu método e elaborar hipóteses, com o intuito de explicar como ocorre o desenvolvimento das funções superiores do comportamento humano. Aliás, essa é uma referência da qual Vigotski muito se orgulhou, reafirmando suas crenças filosóficas em várias passagens da sua obra, como bem atestam as inúmeras menções encontradas a respeito desse fato.

Os psicólogos soviéticos que trabalharam com Vigotski, especialmente Leontiev e Luria, declaram que a filosofia marxista produziu uma revolução sem precedentes na história das ciências sociais. A psicologia, no entanto, permaneceu por muitos anos alheia a esses princípios. Somente por volta de 1920, os estudiosos da área começaram a se preocupar em reestruturar a psicologia sobre bases dialético-materialistas. Foram os trabalhos de Vigotski e, mais tarde, os de Rubinstein que deram início a essa tarefa. Com eles, tornou-se possível compreender o significado do marxismo para a psicologia. Luria definiu seu mestre, Vigotski, como o maior teórico marxista entre os psicólogos soviéticos. Segundo Luria, nas mãos dele o método marxista de análise desempenhou um papel vital na orientação das novas perspectivas que se desenhavam para a ciência psicológica.

A retomada aqui feita dos fundamentos epistemológicos que sustentaram a teoria de Vigotski orientar-se-á pelos mesmos procedimentos adotados na reflexão dos pressupostos filosóficos e epistemológicos que embasaram a teoria de Piaget (Capítulo 1). Assim, da complexa obra de Marx e Engels, o presente estudo sistematiza apenas algumas de suas teses, especificamente aquelas que serviram de suporte teórico a Vigotski. Detém-se, dessa forma, tão somente naqueles aspectos pertinentes para um melhor entendimento do importante papel que Vigotski atribuiu ao ambiente histórico-social nos processos de desenvolvimento e aprendizagem.

A compreensão do modelo epistemológico proposto por Marx e Engels exige que se considerem, por um lado, a estreita relação entre o referencial teórico e a atuação política desses dois filósofos e, por outro lado, a influência que receberam de outros pensadores. A filosofia alemã é o ponto de partida da reflexão de Marx e Engels. É, portanto, a partir das obras de Friedrich Hegel e Ludwig Feuerbach que se deve entendê-los.

Hegel acreditava que o pensamento e a ideia criam a realidade. O espiritual e o absoluto são forças que se movem por si mesmas e movimentam todo o universo. Para esse autor, a existência do homem tem como centro o próprio pensamento e a realidade se constrói sob a égide dele. Permanecendo no mundo das ideias, Hegel edificou a época da razão dialética, elaborando uma concepção de "ser" fundamentalmente metafísica. De acordo com a dialética hegeliana, a realidade seria, em sua essência, "negativa", no sentido de que ela guarda em si uma contradição. Cada conceito contém o seu contrário; cada afirmação, a sua negação.

> A negatividade parte da natureza dos seres do mundo objetivo e do próprio homem, coloca em oposição aquilo que os seres são e suas potencialidades, sugerindo um estado de limitação bem como a necessidade de superar tal estado em direção a outro. (Savioli e Zanotto in Andery *et al.*, 1988, p. 372)

O mundo não é um conjunto de coisas prontas e acabadas, mas o resultado de um movimento gerado pelo choque desses antagonismos e dessas contradições. Uma afirmação traz em seu bojo o germe de sua própria negação: depois de se desenvolver, a negação entra em choque com a afirmação original, gerando um terceiro elemento, mais evoluído, que Hegel chamou de "síntese" ou de "negação da negação". O espírito (consciência) desenvolve-se por meio desse movimento triádico – espírito subjetivo, depois objetivo e, por fim, espírito absoluto –, atingindo, assim, o grau mais elevado que a racionalidade humana pode alcançar. Esse movimento da consciência (ou do espírito, como disse Hegel) encerra, em si, as atividades que permitem as mais altas realizações espirituais.

Da concepção hegeliana, Marx e Engels conservaram o conceito de dialética como movimento interno de produção da realidade, movimento esse impulsionado pela contradição. Diversamente de Hegel, no entanto, demonstraram que a contradição não se dá do espírito consigo mesmo, entre sua face subjetiva e sua face objetiva, entre sua exteriorização – em obras – e sua interiorização – em ideias. A contradição, na visão de Marx e Engels, estabelece-se entre homens reais, em condições histórica e socialmente determinadas. Na filosofia marxista, a dialética de Hegel, situada no plano das ideias, foi recriada no plano da evolução dos seres e das espécies. Partindo da hipótese de que o conhecimento é determinado pela matéria, pela realidade objetiva que existe independentemente do homem, Marx (1983, p. 20) afirma:

> Por sua fundamentação, meu método dialético não só difere do hegeliano, mas é também sua antítese direta. Para Hegel, o processo de pensamento, que ele, sob o nome de ideia, transforma num sujeito autônomo, é o demiurgo do real, real que constitui apenas sua manifestação externa. Para mim, pelo contrário, o ideal não é nada mais que o material, transposto e traduzido na cabeça do homem.

Para Feuerbach, que se opôs a Hegel, não são as ideias que conduzem o mundo. As ideias não passariam de produto da consciência humana, e todas elas, incluindo a ideia de Deus, explicam-se a partir do homem. A própria consciência humana nada mais é do que um produto do cérebro humano – da matéria –, e o espírito é apenas o reflexo das condições materiais que o produzem. Feuerbach defende a tese do ateísmo, criticando a religião em função da alienação produzida por essa doutrina: não foi Deus que criou o homem, o homem que criou Deus, num processo antropomórfico em que projeta sua própria imagem idealizada. Ao adorar esse Deus forjado por ele mesmo, o homem religioso se despersonaliza, não se pertence mais, aliena-se. Assim, Feuerbach refez o conceito de alienação, mostrando que o homem se aliena na medida em que atribui a entidades – que são criações suas – qualidades e poderes que, na verdade, pertencem somente a ele mesmo. Com essa crítica, o autor se distanciou da concepção idealista, proposta por Hegel, sugerindo uma concepção materialista e naturalista do homem. Nesse sentido, o verdadeiro conhecimento não seria possível senão como conhecimento das coisas materiais, sensíveis. Logo, todo conhecimento superior nada mais é que um epifenômeno da matéria.

Mas, na opinião de Marx, Feuerbach pecou ao desprezar a contribuição do método dialético, o que o fez repetir, de certa forma, o materialismo mecanicista do século XVIII. Ao compreender o homem como uma máquina, ele tornou-se incapaz de perceber o mundo como um processo, uma realidade em via de desenvolvimento histórico. Nesse sentido, o sujeito é visto como uma abstração, desvinculado de sua realidade, do conjunto das relações sociais. Embora Marx tenha criticado e superado as ideias de Feuerbach, seu pensamento é marcado por uma perspectiva materialista na compreensão do homem. Foi a partir do materialismo feuerbachiano que Marx empreendeu a retificação da filosofia de Hegel, buscando "recolocá-la sobre os pés", ou seja, substituindo o idealismo por um realismo materialista. Dessa forma, Marx reafirmou a necessidade de passar da dialética da abstração à dialética da realidade, do mundo fechado da consciência ao mundo aberto da natureza e da história. Marx e Engels operaram a superação do materialismo mecanicista de Feuerbach, propondo um materialismo histórico-dialético e, portanto, em constante transformação.

O caráter dialético da epistemologia marxista fundamenta-se em leis que orientam o movimento da natureza e, por conseguinte, do pensamento. Engels retomou as leis da dialética – que haviam sido sistematizadas por Hegel como leis do pensamento –, recriando-as. Pretendendo vincular o movimento da história humana ao da natureza, Engels conclui que o método dialético presta-se a esse fim. Destaca, dessa maneira, três de suas leis gerais: a lei da passagem da quantidade à qualidade, e vice-versa, que se refere ao processo de transformação social; a lei da interpenetração dos contrários, que explica a dependência de diferentes níveis da realidade, mostrando que as coisas não podem ser compreendidas isoladamente; e a lei da negação da negação, que busca explicar a luta dos contrários como movimento propulsor da história.

Conectando a filosofia com a realidade, isto é, a reflexão crítica da realidade com seu respectivo meio material, Marx e Engels expuseram o processo por meio do qual o homem desenvolve suas funções psíquicas. O pressuposto primeiro de toda história humana é a existência de indivíduos concretos que, na luta pela subsistência, organizam-se em torno do trabalho e estabelecem relações entre si e com a natureza. O modo de produção material condiciona o processo da vida social, política e econômica. Por sua vez, a produção das ideias, das representações, do pensamento, enfim, da consciência, não está dissociada da atividade material e do intercâmbio entre os homens. A esse respeito Marx e Engels (1987, p. 37) afirmam: "A consciência jamais pode ser outra coisa do que o ser consciente, e o ser dos homens é o seu processo de vida real". Em suas reflexões sobre a dialética da natureza, Engels (1979, p. 139) enfatizou essa hipótese, observando que:

> [...] é precisamente a modificação da natureza pelos homens (e não unicamente a natureza como tal) o que constitui a base mais essencial e imediata do pensamento humano; e é na medida em que o homem aprendeu a transformar a natureza que a sua inteligência foi crescendo.

Logo, o pensamento é um reflexo da vida material e se desenvolve paralelamente às relações sociais de trabalho. Os homens, reproduzindo diariamente suas condições de vida material, transformam tais condições, aperfeiçoando cada vez mais seus instrumentos de trabalho, suas relações de produção e, na mesma medida, sua inteligência. Como se pode perceber, Marx concebeu a atividade de produção da vida material – o trabalho – como motor de todo processo histórico. A base da sociedade, assim como a característica fundamental do homem, está no trabalho. É dele e por ele que o homem, ao transformar a natureza, se constitui homem, construindo a sociedade e fazendo a história. O trabalho é a categoria essencial pela qual se podem explicar o mundo e a sociedade, o passado e a própria constituição do homem. É ainda, por meio dele, que se torna possível propor uma transformação rumo à construção de uma nova sociedade.

Na elaboração de seu sistema explicativo, em especial na análise da sociedade, Marx manteve a concepção de que a história, ou seja, a transformação da realidade social, ocorre por meio de contradições, antagonismos e conflitos. Assim, a transformação das relações humanas e seu próprio desenvolvimento não são nem espontâneos nem harmônicos, nem lineares nem impostos externamente. Ao contrário, tal transformação decorre das contradições criadas em seu próprio bojo, dando-se por saltos, de maneira revolucionária e como resultado da ação dos próprios homens. Segundo Marx (1974, p. 335), "Os homens fazem sua própria história, mas não a fazem como querem; não a fazem sob circunstâncias de sua escolha e sim sob aquelas com que se defrontam diretamente, legadas e transmitidas pelo passado".

No decorrer do processo histórico – com o desenvolvimento das forças produtivas e o embricamento do poder político e econômico –, as relações entre os homens tendem a assumir formas cada vez mais complexas, obscurecendo a realidade social e, portanto, dificultando sua compreensão. Para equacionar essa problemática, Marx e Engels propuseram o método dialético--materialista, para o qual o pensamento analítico deve tomar como ponto de partida e de chegada a prática dos homens historicamente situada. Essa referência concreta, a práxis humana, constitui a única segurança de que o pensamento não se perderá em desvios ideológicos. Por esse motivo, cabe à práxis a função de orientar o pensamento. Garantidos o ponto de partida e o resultado final, o sentido da análise reside no fato de que o pensamento, movendo-se em espiral, chega a um conteúdo que não era conhecido no ponto de partida. Para tanto, o trabalho de análise deve partir, necessariamente, de uma percepção imediata do todo, ou seja, da realidade tal como ela se apresenta. Em seguida, penetra nas suas abstrações e conceitos, reconstruindo o processo histórico de formação dessa realidade e retornando ao ponto inicial que, agora, deixa de ser um incompreendido todo da percepção imediata para ser um conceito de totalidade ricamente articulado. Compreender a realidade significa, assim, passar da caótica ou ideológica representação do todo à realidade concreta. Essa passagem é possível dado que

> [...] são os homens, em sua atividade concreta, o ponto de partida para a construção do conhecimento. A ciência real, a formação de conceitos, a aprendizagem, o desenvolvimento da personalidade começam na vida real, na atividade prática. Portanto, a verdadeira atividade – a "práxis" – é teórico-prática e, neste sentido, é relacional, é crítica, é educativa, é transformadora, pois é teórica sem ser mera contemplação – uma vez que é a teoria que guia a ação – e é prática sem ser mera aplicação da teoria – uma vez que a prática é a própria ação guiada e mediada pela teoria; teoria entendida aqui como uma aquisição histórica, construída e produzida na interação que se estabelece entre os homens e o mundo. [...] é no curso do desenvolvimento dessa prática que vão surgindo as tarefas cognitivas, se engendram e se desenvolvem a percepção, o pensamento, a linguagem e a consciência humana. (Franco, 1989, p. 31)

Nesse movimento ativo, a história não é mais uma sequência de fatos mortos, ainda abstratos, como para os empiristas, ou uma ação imaginária de sujeitos imaginários, como para os idealistas. O conhecimento científico envolve "teoria e prática", envolve uma compreensão do mundo que implica uma prática que, por sua vez, depende desse conhecimento.

De acordo com essa concepção filosófica, a dialética do conhecimento manifesta-se, sobretudo, no fato de que, para conhecer a realidade, o homem deve transformá-la de coisa em si – quer dizer, de realidade concreta que existe independentemente da consciência humana – em coisa para si, ou seja, em uma coisa sua, submetendo-a à própria práxis.

Toda teoria do conhecimento se apoia, implícita ou explicitamente, numa concepção da realidade. Combatendo o fisicalismo reducionista, que pressupunha uma essência rígida dos fenômenos, dotada de elementos imutáveis, a teoria materialista, como apreensão da realidade, define como sua substância ou essência a própria dinâmica ou movimento. Conhecer essa essência é o próprio movimento da realidade. Nesse sentido, a essência do homem é sua prática social, sua criação, isto é, a construção dos instrumentos por meio dos quais ele interage com a natureza, desencadeando um processo mútuo de transformação. Não há uma essência humana universal e imutável, há uma essência construída historicamente. A esse respeito, Andery *et al.* (1988, p. 417) escreveram:

> Marx define as ações humanas como relações com o mundo, relações humanas que constroem o próprio homem, quer seja no sentido biológico (isto é, no desenvolvimento de seu aparato perceptivo), quer seja nos sentidos "práticos e espirituais" (isto é, no desenvolvimento de seu aparato volitivo, afetivo, motivacional, em outras palavras, o comumente denominado aparato psicológico). Ao definir desta forma as ações humanas e seu desenvolvimento, nega a concepção de uma natureza humana pronta, imutável, resultado de algo exterior e independente ao próprio homem. Supõe não apenas a necessidade de um homem ativo na construção de si mesmo, da natureza ou de sua história, mas também de um homem envolvido num processo contínuo e infinito de construção de si mesmo.

A teoria materialista traz em suas bases uma concepção da natureza e da relação do homem com essa natureza. Para Marx, o homem é parte da natureza, mas não se confunde com ela. Ele é um ser natural porque foi criado pela natureza, porque está submetido a suas leis e porque depende dela – da sua transformação – para sobreviver. Entretanto, o homem diferencia-se da natureza por ser capaz de usá-la conscientemente, transformando-a de acordo com suas necessidades. É nesse processo interativo, de transformações mútuas, que o homem se faz homem. Assim, Marx identificou e distinguiu, ao mesmo tempo, homem e natureza. Em outras palavras, ele naturalizou e humanizou ambos. A simples compreensão da natureza não é sinônimo da compreensão do homem, muito embora o entendimento do homem passe, necessariamente, pela apreensão de sua relação com a natureza. Daí que homem e natureza constituem dois polos de uma única totalidade, na qual a existência e a compreensão de um dos polos só se fazem em função do outro.

Para explicitar o caráter histórico da análise dialético-materialista, Marx e Engels partiram do seguinte princípio: para fazer história é preciso que, antes, os homens estejam em condições de viver, o que significa satisfazer suas necessidades básicas, tais como comer, beber, ter um teto, vestir-se e outras mais. Produzindo os meios necessários para suprir essas necessidades – trabalhando –, os homens produzem sua história. O primeiro ato histórico apareceu quando o homem conseguiu romper essa dinâmica circular, que se mantém em função da satisfação das necessidades básicas: a ação empreendida e os instrumentos utilizados na satisfação das necessidades geram outras que, para serem supridas, requerem novos instrumentos e, por conseguinte, novas relações de produção – evidenciando, assim, o início do desenvolvimento histórico da sociedade. Esse processo materializado, por meio do qual a humanidade se mantém viva, tende a se tornar cada vez mais complexo. Isso porque, com o crescimento da população e a evolução dos modos de produção, ocorrem, respectivamente, o aumento quantitativo e a diversificação qualitativa das necessidades socialmente criadas.

O homem está constantemente transformando a natureza e a si próprio e, nessa dinâmica, alteram-se também suas necessidades materiais. Do ponto de vista dialético-materialista, esse contínuo processo de mudança das necessidades humanas não é linear nem unidirecional, estando diretamente subordinado às condições objetivas de cada momento histórico. Em determinadas épocas – nas sociedades capitalistas, por exemplo –, a forma como os homens se organizam para satisfazer suas necessidades pode desencadear novas necessidades, além de condições de vida cada vez mais sofisticadas para alguns, e o oposto, isto é, necessidades e condições de vida cada vez mais reduzidas, para outros. Assim, o movimento de criação e transformação das necessidades pode orientar-se em direções opostas em um mesmo momento histórico. De um lado, produz-se o refinamento das necessidades e, de outro, a brutalização delas, fato que se configura, para alguns indivíduos, como um "retrocesso histórico". Na verdade, o retrocesso é meramente aparente, porque esse é o preço que a classe trabalhadora paga pela transição de um modo de produção a outro.

Com o aparecimento das necessidades culturais mais elevadas, altera-se também a hierarquia entre elas. As necessidades que em determinado momento histórico são prioritárias podem, em outro momento, passar à condição de subordinadas. Como lembrou Rubinstein (1972), o homem, no início, trabalha para comer; mais tarde, come para trabalhar: sua força de trabalho depende de sua alimentação. No princípio, o trabalho representa apenas o meio de obter alimento; depois, passa a ser a finalidade principal de sua vida, obrigando o homem a viver para o seu trabalho.

Na perspectiva marxista, o desenvolvimento das faculdades humanas está diretamente relacionado à transformação histórica das necessidades e dos interesses culturais. A atividade prática, orientada para a satisfação das necessidades, possibilita a formação dessas faculdades, com base nas predisposições hereditárias, criadas historicamente. Pelo trabalho, o homem elabora situações, constrói os objetos materiais requeridos para a satisfação de suas necessidades e, simultaneamente, aperfeiçoa sua inteligência. Foi orientado pelo desenvolvimento da prática social que o pensamento evoluiu do nível concreto, prático – no qual não se distingue a forma do conteúdo – ao nível abstrato, teórico, representado, em sua essência, pelo pensamento científico.

De acordo com esses postulados, para estudar o processo de desenvolvimento intelectual do homem não se deve partir de seu pensamento, mas sim da sua atividade de vida real. Segundo Marx e Engels (1987, p. 37), "não é a consciência que determina a vida, mas a vida que determina a consciência". Logo, para esses filósofos, não existe uma consciência "pura", como acreditava Hegel. Se a consciência é fruto da atividade prática dos homens, e se o seu desenvolvimento está condicionado ao desenvolvimento das relações sociais de produção, então, a consciência é, desde o início, "contaminada" pela realidade objetiva, que se apresenta sob a forma de linguagem. O desenvolvimento do pensamento é mediado pela linguagem, e esta nada mais é do que a própria consciência real, prática. Tal como a consciência, a linguagem nasce da necessidade de intercâmbio entre os homens no processo de trabalho, sendo, portanto, essencialmente social. A organização do trabalho exigiu relações mais estreitas entre os homens. A exigência de colaboração criou a necessidade de uma comunicação mais próxima, a qual, por sua vez, possibilitou o aparecimento da linguagem como veículo de compreensão. Como diz Rubinstein (1972, p. 99), "a necessidade criou o órgão". Graças à linguagem, a consciência individual de cada homem não se limita à sua experiência pessoal. Por meio dela, o homem se apropria do conhecimento historicamente construído, assimilando a experiência do gênero humano socialmente disponível.

Em 1925, ao publicar uma de suas conferências proferidas em Moscou, Vigotski incluiu uma citação de Marx que guarda em si um dos principais conceitos da teoria psicológica histórico-cultural por ele iniciada. Nessa passagem Marx (1984, p. 202) disse:

> A aranha executa operações que lembram a de um tecelão, e as caixas que as abelhas constroem no céu poderiam envergonhar o trabalho de muitos arquitetos. Mas mesmo o pior arquiteto difere da mais hábil abelha desde o início, pois antes dele construir uma caixa de tábuas, já a construiu na sua cabeça. No término do processo de trabalho, ele obtém um resultado que já existia em sua mente antes que ele começasse a construir. O arquiteto não apenas muda a forma dada a ele pela natureza, mas também leva a cabo um objetivo seu que define os meios e o caráter da atividade ao qual ele deve subordinar sua vontade.

Como se pode perceber, para Marx, a atividade humana possui uma característica que a distingue da atividade de todos os outros animais. No homem, o produto da atividade (ou do trabalho) existe antes na sua mente como imagem psíquica, mediatizando sua realização. São as imagens psíquicas que constituem, mais precisamente, o conteúdo da consciência.

Desse postulado marxista não se derivam todos os detalhados procedimentos adotados por Vigotski na elaboração de sua teoria. No entanto, não restam dúvidas que tal postulado representa uma pista valiosa para entender a conduta filosófica que norteou o trabalho de Vigotski. Como Marx, ele também admitiu o papel ativo da consciência na realização das atividades físicas e simbólicas; isto é, ambos salientam o papel fundamental do trabalho no planejamento, na atuação e na transformação da realidade humana. Baseado nas teses do materialismo histórico, Vigotski concluiu que as origens das formas superiores de comportamento consciente deveriam ser buscadas nas relações sociais que o sujeito mantém com o mundo exterior, em sua atividade prática. Para descobrir a fonte dos comportamentos especificamente humanos, era preciso libertar-se dos limites do organismo e empreender estudos que pudessem explicar como os processos maturacionais

– como a maturação física e os mecanismos sensoriais – se entrelaçam aos processos culturalmente determinados e produzem as funções psicológicas superiores típicas do homem.

Dois aspectos da teoria marxista foram de extrema importância para Vigotski no encaminhamento dessa questão: o aspecto cultural e o histórico. O primeiro compreende as formas em que a sociedade organiza o conhecimento disponível, veiculado pelos instrumentos físicos e simbólicos dos quais a criança deverá se apropriar para dominar as tarefas que lhe são impostas pelo meio. Desses instrumentos, Vigotski atribuiu especial destaque à linguagem, dado o papel que ela exerce na organização e no desenvolvimento dos processos de conhecimento (como dito anteriormente). O segundo aspecto, estreitamente vinculado ao primeiro, refere-se ao caráter histórico desses instrumentos, uma vez que eles foram criados e aperfeiçoados ao longo da história social dos homens.

Estudando o pensamento marxista, Vigotski percebeu que, no campo psicológico, a invenção e o uso de signos como meios auxiliares na solução de problemas são análogos à invenção e ao uso de instrumentos de trabalho. O papel do signo na atividade psicológica é comparável ao do instrumento na atividade material: ambos se caracterizam pela função mediadora. Portanto, do ponto de vista psicológico, eles podem ser incluídos numa mesma categoria. Enquanto Marx chamou a atenção para a função mediadora dos instrumentos de trabalho, definida no uso que os homens fazem deles na luta pela subsistência, Vigotski, partindo do raciocínio marxista, postulou que essa mesma função é desempenhada pelos signos no desenvolvimento do pensamento. A apropriação de formas culturais de comportamento implica a reconstrução interna da atividade social, e a base que possibilita isso são as operações com signos. Dizer que as funções psíquicas do homem são de caráter mediatizado significa admitir a presença de elementos (signos) capazes de estabelecer ligações entre a realidade objetiva, externa, e o pensamento.

A influência de Marx e Engels sobre o pensamento de Vigotski vai muito além da analogia entre signos e instrumentos. O próprio psicólogo afirmou que o cerne da sua teoria, ou seja, sua proposta metodológica, é decorrente da epistemologia dialético-materialista. Para Marx, a história do desenvolvimento da consciência social está atrelada à da existência material, sendo por esta determinado. Ao analisar o desenvolvimento da consciência ou do pensamento individual, Vigotski transpôs integralmente para sua análise a concepção marxista de consciência social. Isso se verifica quando ele afirmou que é na atividade prática, nas interações que os homens estabelecem entre si e com a natureza, que se originam e se desenvolvem as funções psíquicas especificamente humanas. Ao participar ativamente na coletividade e partilhar das relações de trabalho, o sujeito apropria-se da linguagem, dos instrumentos físicos produzidos historicamente, do conhecimento acumulado pelas gerações precedentes e culturalmente disponível. Assim, como os instrumentos de trabalho mudam no decorrer da história, na mesma medida transformam-se os instrumentos de pensamento. E, ainda, assim como novos instrumentos de trabalho ocasionam novas estruturas sociais, novos instrumentos de pensamento suscitam o aparecimento de novas estruturas cognitivas.

Dessa forma, a passagem da consciência social para a individual só é possível graças ao fato, psicologicamente fundamental, de que a estrutura da consciência humana está intimamente ligada à estrutura da atividade humana. Não obstante, é preciso considerar que a estrutura da atividade humana, por sua vez, é determinada pelas condições histórico-sociais concretas em que o homem se encontra. São precisamente essas condições objetivas que devem ser tomadas como parâmetro quando se quer estudar o processo de formação do pensamento individual. Referindo-se ao método de estudo psicológico elaborado por Vigotski e seus colaboradores, Leontiev (1978b, p. 100) escreveu:

O nosso método consiste, portanto, em encontrar a estrutura da atividade humana engendrada por condições históricas concretas, depois, a partir dessa estrutura, pôr em evidência as particularidades psicológicas das estruturas da consciência dos homens.

Com essa declaração, Leontiev reafirmou a postura metodológica dos psicólogos soviéticos, comprometidos com a matriz dialético-materialista, lembrando que o desenvolvimento psicológico dos homens só pode ser entendido como parte do desenvolvimento histórico de nossa espécie.

O pensamento de Engels também exerceu influência decisiva na definição da essência desse novo método de investigação psicológica. Retomando as concepções naturalista e dialética para a compreensão da história humana, Engels estabeleceu um confronto entre essas duas correntes filosóficas, observando que os homens afetam a natureza na mesma medida em que são afetados por ela. Na concepção naturalista, a relação entre homem e natureza é unilateral: apenas a natureza atua sobre os homens e, nesse sentido, são as condições naturais que determinam o desenvolvimento histórico como um todo. A abordagem dialética não nega a ação da natureza sobre os homens, mas lembra que, da mesma forma que a natureza age sobre os homens, estes também agem sobre a natureza, transformando-a e, por decorrência, criando novas condições para sua existência. Em outras palavras, Engels demonstrou como a análise dialética engloba e ultrapassa a análise naturalista.

Segundo Vigotski, essa posição de Engels representava o elemento-chave para suas interpretações sobre as funções psicológicas superiores do homem, colocando-se como base do novo método de experimentação e análise defendido por ele. Como Marx e Engels, Vigotski acreditava que o homem não é apenas um produto de seu meio: ele é também um sujeito ativo no movimento que cria esse meio, essa realidade.

O fundamento básico da aplicação do método histórico na psicologia se expressa, ainda, no princípio de que o reflexo psíquico consciente ou a imagem psíquica (entendido como conteúdo da consciência, formado a partir da apreensão do real) é algo vivo, produzido pela atividade humana concreta, caracterizado pelo movimento dialético permanente, por meio do qual o objetivo se transforma em subjetivo.

> A subjetividade do indivíduo ou a "'parcialidade" de sua consciência, que caracteriza o seu comportamento ativo frente ao meio, é um fenômeno de origem sócio-histórica. A imagem psíquica surge e se desenvolve, historicamente, através da atividade concreta do sujeito, mediante a qual ele interage com a realidade e estabelece suas relações sociais. (Silva, 1986, p. 39)

Por meio da atividade prática, a imagem psíquica, ou o conteúdo da consciência, passa do sujeito ao objeto. O que era movimento – atividade prática, consciente – aparece no resultado como uma propriedade em repouso, estável. O conteúdo objetivo da atividade prática dos homens cristaliza-se em seu produto, podendo, assim, ser transmitido pela linguagem em toda a sua riqueza. Uma vez objetivado, o conteúdo da atividade torna-se socialmente disponível e, ao ser internalizado pelos indivíduos, cria neles a imagem psíquica ou a representação viva da realidade. Nesse movimento dialético, o sujeito do conhecimento não tem um comportamento passivo (contemplativo) diante do meio externo. Ao ser estimulado pela realidade objetiva, ele se apropria dos estímulos, internalizando conceitos, valores, significados, enfim, o conhecimento construído pelos homens ao longo da história. Nesse sentido, a prática individual está sempre relacionada à prática social acumulada historicamente. Entretanto, esse processo nem sempre é evidente para o sujeito. O reflexo do produto da atividade manifesta-se nele como um fenômeno determinado por sua consciência, dificultando assim a percepção da dinâmica ocorrida.

De acordo com a psicologia histórico-cultural, são os significados, elaborados na prática social e veiculados pela linguagem, que de fato possibilitam o desenvolvimento do reflexo psíquico superior, ou da consciência. Interagindo com outras pessoas, a criança, gradativamente, apropria-se da linguagem e internaliza seu conteúdo social, quer dizer, seus significados. Considerando que os significados, cristalizados e fixados na linguagem, constituem uma expressão viva do modo de existência da humanidade em cada estágio de seu processo histórico, a criança, ao apropriar-se desses significados, assimila o conhecimento (a experiência das gerações precedentes), reelaborando-o de acordo com seus interesses e necessidades. A apropriação dos significados linguísticos modifica a natureza dos conteúdos sensoriais na consciência, na medida em que enriquecem a percepção que o sujeito tem do real, impulsionando o desenvolvimento das formas tipicamente humanas de comportamento.

É por meio desse mecanismo ativo de internalização da consciência social que se desenvolve a consciência individual. Porém, uma vez caracterizada como fato da consciência individual, a significação não é despida de seu conteúdo objetivo: não se torna, de modo algum, um fenômeno puramente psicológico, subjetivo. As significações não existem fora dos sujeitos humanos concretos. Portanto, não há uma oposição fundamental entre o significado objetivo – que se manifesta na consciência social – e o significado particular – que se manifesta na consciência individual.

Os significados não são os únicos determinantes da consciência individual. Os interesses, as motivações, as experiências pessoais etc. também concorrem para a formação do reflexo psíquico. O fato a ser observado é que os significados só adquirem uma natureza propriamente psicológica quando se relacionam internamente com os demais fatores implicados na formação da consciência individual. Nessa interação subjetiva, o significado social adquire um sentido pessoal, atribuído pelo sujeito – definindo-se, então, como significado individual, psicológico.

Embora os fenômenos psicológicos tenham suas especificidades, nenhum deles pode ser compreendido isoladamente da atividade concreta do indivíduo, pois é com base nela que o homem constrói, historicamente, seu psiquismo, sua consciência, seu pensamento – enfim, sua existência como homem.

As aproximações entre a epistemologia dialético-materialista e a teoria vigotskiana não se esgotam nesses conceitos. Outros princípios comuns entre as duas abordagens podem ser encontrados, a depender dos interesses, pressupostos filosóficos e objetivos de cada pesquisador. Contudo, as teses arroladas neste estudo parecem ser suficientes para demonstrar as bases filosóficas da teoria de Vigotski. Marx e Engels construíram o alicerce sobre o qual Vigotski e seus colaboradores, procurando alargar os horizontes da ciência psicológica, edificaram a psicologia histórico-cultural.

A repercussão da abordagem marxista na psicologia alterou significativamente a leitura até então feita dos fenômenos psíquicos, imprimindo uma nova orientação aos estudos e às pesquisas nessa área. Como afirmou Silva (1986), na abordagem histórica a psicologia não é mais uma "ciência da alma" ou "dos comportamentos observáveis". Ela é um estudo sistemático dos aspectos objetivos e subjetivos da atividade produtiva dos indivíduos, como seres históricos e sociais, que visa compreender a gênese e o desenvolvimento de sua consciência. Nessa concepção de homem e de mundo, a história real do desenvolvimento da consciência, como mostrou Vigotski e outros psicólogos soviéticos, é o reflexo da história da própria vida, estando vinculada e submetida a suas leis gerais: com relação ao desenvolvimento biológico, obedece às leis da evolução biológica; no que concerne às etapas do desenvolvimento histórico, às leis sócio-históricas. O pensamento passa a ser considerado o produto do desenvolvimento histórico-social, uma forma singular de atividade humana, derivada diretamente da atividade prática dos homens. Mesmo quando ele atinge sua forma mais desenvolvida, transformando-se numa atividade essencialmente teórica, abstrata, sua base continua sendo prática, ou seja, ele continua sendo concretamente determinado pelas condições histórico-sociais de seu tempo. Por esse prisma, a psicologia pode ser pensada como uma ciência que não mais se separa dos grandes problemas da vida (como ocorria na concepção idealista), conquistando condições efetivas para ajudar a resolvê-los.

A RELAÇÃO ENTRE DESENVOLVIMENTO E APRENDIZAGEM

A relação entre desenvolvimento e aprendizagem é, sem dúvida, uma questão teórica central nos estudos de natureza psicológica, e Vigotski não se esquivou dessa análise. Ao contrário, ele sistematizou de forma clara e objetiva sua proposta quanto a essa problemática. Ressaltando a importância e as implicações teórico-práticas da combinação desses dois processos, ele lembrou que os problemas encontrados na análise psicológica do ensino não podem ser corretamente enfrentados e resolvidos sem que se refira à relação entre aprendizagem e desenvolvimento. Na sua opinião, essa relação ainda não havia sido suficientemente discutida, permanecendo obscura por estar baseada em pressupostos vagos, possuir falhas quanto à avaliação crítica desses postulados e apresentar zonas de ambiguidade e contradição.

Assim como Piaget, Vigotski explicou essa relação pautado em princípios interacionistas. Entretanto, enquanto Piaget superestimou as funções do sujeito no processo de construção do conhecimento, Vigotski ressaltou a unidade dialética entre os dois polos, preservando, no entanto, a identidade de cada um. Segundo ele, as concepções correntes que tratavam da relação entre desenvolvimento e aprendizagem podiam ser englobadas em três grandes posições teóricas.

A primeira fundamenta-se no pressuposto de que o desenvolvimento é um processo maturacional, que ocorre antes e independentemente da aprendizagem. Esta, por sua vez, consiste num processo puramente externo, que não desempenha papel ativo no desenvolvimento; apesar de utilizar os progressos feitos pelo desenvolvimento, a aprendizagem não o influencia nem o direciona. Como disse Vigotski (1988, p. 90), "o aprendizado forma uma superestrutura sobre o desenvolvimento, deixando este último essencialmente inalterado". De acordo com essa perspectiva, é preciso haver determinado nível de desenvolvimento para que certos tipos de aprendizagem sejam possíveis. Ao descrever essa postura, Vigotski fez uma crítica a Piaget, destacando que esse pesquisador analisa o ato de pensar e suas respectivas funções – dedução, noção de causalidade, de reversibilidade, o domínio da lógica abstrata e outras – como se ocorressem sem qualquer influência da aprendizagem escolar. Para defender o seu ponto de vista, Piaget incluiu em sua metodologia experimental questões para as quais a criança não tem resposta pronta (nem capacidade de formulá-la), pretendendo eliminar do estudo a influência da experiência e do conhecimento anteriores. Assim, o experimentador tenta obter as tendências do pensamento da criança na forma "pura", ou seja, completamente independente do aprendizado.

A segunda grande proposição teórica que trata da relação entre desenvolvimento e aprendizagem, defendida especialmente pelos behavioristas ou comportamentalistas, postula que aprendizagem é sinônimo de desenvolvimento, entendendo-se por desenvolvimento a acumulação de respostas aprendidas. De acordo com essa concepção, o desenvolvimento ocorre simultaneamente à aprendizagem, em vez de precedê-la. Vigotski (ibidem, p. 91) identificou um ponto comum entre essa posição teórica e a de Piaget:

> [...] em ambas o desenvolvimento é concebido como elaboração e substituição de respostas inatas. Ou, como James expressou: "Em resumo, não existe melhor maneira de descrever a educação do que considerá-la como a

organização dos hábitos de conduta e tendências comportamentais adquiridos". O desenvolvimento reduz-se primariamente à acumulação de todas as respostas possíveis. Considerando-se qualquer resposta adquirida como uma forma mais complexa ou como um substituto de uma resposta inata.

Para Vigotski, entretanto, apesar dessa similaridade entre a primeira e a segunda abordagens, há uma significativa diferença em seus pressupostos no que se refere às relações temporais entre os processos de desenvolvimento e aprendizagem. Enquanto os adeptos do primeiro ponto de vista (particularmente Piaget) sustentam que os ciclos de desenvolvimento antecedem os ciclos de aprendizagem – ou, em outras palavras, que a aprendizagem pressupõe um estado de maturação correspondente e, portanto, a instrução deve seguir o crescimento mental –, os teóricos do segundo grupo (comportamentalistas) defendem a tese de que os dois processos são coincidentes, ocorrendo simultaneamente e de forma sincronizada. Para estes últimos, o desenvolvimento e a aprendizagem sobrepõem-se constantemente, como duas formas geometricamente iguais.

A terceira posição teórica, representada pelos psicólogos da Gestalt, tentou superar as abordagens extremas anteriormente citadas simplesmente combinando-as. Os gestaltistas sugeriram que desenvolvimento e aprendizagem são dois processos independentes, que interagem afetando-se mutuamente: aprendizagem causa desenvolvimento, e vice-versa. A teoria de Koffka é um bom exemplo dessa postura. Para ele, o desenvolvimento se baseia em dois processos diferentes e interligados: a maturação, que depende do sistema nervoso; e o aprendizado, que é em si mesmo um processo de desenvolvimento. A esse respeito, Vigotski (1988, p. 92) afirmou: "Está claro que para Koffka o processo de maturação prepara e torna possível um processo específico de aprendizagem. O processo de aprendizado, então, estimula e empurra para a frente o processo de maturação". Logo, os dois processos que constituem o desenvolvimento – maturação e aprendizagem – são, na opinião de Koffka, interagentes e mutuamente dependentes. Os teóricos da Gestalt, ao contrário de Thorndike, acreditam que as funções da aprendizagem não são específicas e, portanto, não se limitam à aquisição de habilidades. Tais funções, ao contrário, contêm uma ordenação intelectual que permite a transferência de um princípio geral, descoberto durante a solução de uma situação, para outras tarefas ou situações análogas. Consequentemente, o desenvolvimento é sempre um conjunto maior que a aprendizagem: ao aprender, a criança avança em seu desenvolvimento muito além do conteúdo ou das habilidades aprendidas, uma vez que esse novo conteúdo pode ser transferido para uma série de outras funções mentais. Daí o aspecto essencial dessa terceira postura: aprendizagem e desenvolvimento não são processos coincidentes.

Embora Vigotski tenha rejeitado todas as abordagens teóricas anteriormente descritas, ele admitiu que a análise delas o levou a uma posição mais clara e adequada sobre a relação entre aprendizagem e desenvolvimento. O autor reconheceu que esses dois fenômenos são distintos e interdependentes, um tornando o outro possível. Seus estudos orientaram-se no sentido de explicar a relação entre desenvolvimento e aprendizagem, ressaltando o importante papel da competência linguística na interação entre esses dois processos – já que é por meio da apreensão e internalização da linguagem que a criança se desenvolve. Para Vigotski, a aprendizagem está presente desde o início da vida da criança. Toda situação de aprendizagem tem sempre um histórico precedente, ao mesmo tempo que produz algo inteiramente novo no desenvolvimento da criança. Nessa perspectiva, a inteligência é definida como a habilidade para aprender, desprezando as teorias que concebem a inteligência como um conjunto de aprendizagens prévias, já efetuadas. Nos modelos teóricos que utilizam testes psicológicos padronizados, a análise do desenvolvimento fica limitada às tarefas que as crianças são capazes de realizar sozinhas. Na concepção vigotskiana, o conceito de desenvolvimento se amplia na medida em que inclui um segundo nível, denominado "zona de desenvolvimento proximal", por meio do qual é possível explicar as dimensões do aprendizado escolar.

De acordo com Vigotski, há dois níveis de desenvolvimento. O primeiro, chamado "nível de desenvolvimento real" ou "efetivo", compreende as funções mentais da criança, resultantes de determinados ciclos de desenvolvimento já completados. Em outras palavras, esse nível é composto pelo conjunto de informações que a criança tem em seu poder. Quando se utilizam, por exemplo, testes de inteligência a fim de avaliar a idade mental de uma criança, opera-se, quase sempre, com o nível de desenvolvimento que ela já alcançou. O segundo nível é o de desenvolvimento potencial, definido pelos problemas que a criança consegue resolver com o auxílio de pessoas mais experientes.

Além desses níveis, segundo Vigotski, existe uma "zona de desenvolvimento proximal", que se refere à distância entre o nível de desenvolvimento real – determinado pela solução de problemas independentemente da ajuda alheia – e o nível de desenvolvimento potencial, determinado com base na solução de problemas sob a orientação de adultos ou companheiros mais capazes. A zona de desenvolvimento proximal constitui-se por aquelas funções que ainda não estão maduras, mas sim em processo de maturação, quer dizer, que ainda se encontram em um estágio embrionário. Dessa maneira, o nível de desenvolvimento real caracteriza o desenvolvimento mental e o nível potencial, por sua vez, caracteriza o mesmo processo prospectivamente. Nesse sentido, a capacidade de duas crianças que aparentam ter o mesmo nível de desenvolvimento real pode variar bastante ao se considerar os aspectos de desenvolvimento que ainda estão por se completar para que possam efetuar aprendizagens características do próximo estágio. Vigotski entendeu que as diferenças quanto à capacidade de desenvolvimento potencial das crianças devem-se, em grande parte, às diferenças qualitativas do ambiente social em que vivem. A diversidade nas condições sociais promove aprendizagens também diversas que, por sua vez, ativam diferentes processos de desenvolvimento.

Orientando-se pelo raciocínio trilhado por Vigotski sobre a interação entre desenvolvimento e aprendizagem, é possível avaliar não apenas o nível de desenvolvimento que a criança apresenta até o momento, mas também, o que é mais importante, os processos que ainda estão ocorrendo. Vigotski (1988, p. 113) disse:

> O que a criança pode fazer hoje com o auxílio dos adultos poderá fazê-lo amanhã por si só. A área de desenvolvimento potencial permite-nos, pois, determinar os futuros passos da criança e a dinâmica do seu desenvolvimento e examinar não só o que o desenvolvimento já produziu, mas também o que produzirá no processo de maturação.

Essa hipótese adquire fundamental importância na medida em que põe em questão as teorias – sobre a relação entre desenvolvimento e aprendizagem – que defendem o tradicional princípio da aplicação de uma orientação pedagógica desejável, uma vez diagnosticado o desenvolvimento. Não é difícil perceber que essas posturas pedagógicas trazem implícita a ideia de que o ensino deve prosseguir com base no desenvolvimento efetivo, já produzido. Contrapondo-se a essa visão (caracteristicamente piagetiana), Vigotski acreditava que a aprendizagem cria uma zona de desenvolvimento proximal, ou seja, ela ativa processos de desenvolvimento que se tornam funcionais na medida em que a criança interage com pessoas em seu ambiente, internalizando valores, significados, regras, enfim, o conhecimento disponível em seu contexto social.

Assim sendo, explicou Vigotski (ibidem, p. 100):

> [...] o aprendizado orientado para os níveis de desenvolvimento que já foram atingidos é ineficaz do ponto de vista do desenvolvimento global da criança. Ele não se dirige para um novo estágio do processo de desenvolvimento, mas, em vez disso, vai a reboque desse processo. Assim, a noção

de zona de desenvolvimento proximal capacita-nos a propor uma nova fórmula, a de que o "bom aprendizado" é somente aquele que se adianta ao desenvolvimento.

A compreensão do conceito de zona de desenvolvimento proximal encaminha os estudos psicológicos para uma reavaliação do papel da imitação na aprendizagem. Durante anos, a psicologia clássica sustentou o princípio de que somente as tarefas que a criança conseguiria resolver de forma independente poderiam ser tomadas como indicativo de seu nível de desenvolvimento mental. Neste raciocínio, a imitação era vista como um processo puramente mecânico, que não pode, portanto, ser levado em conta na investigação da capacidade intelectual da criança. Mas Vigotski observou que as crianças podem imitar ações que vão muito além de suas capacidades reais ou efetivas. Numa atividade coletiva ou sob a orientação dos adultos, elas podem aumentar suas capacidades de desempenho, pois essa imitação de atos e habilidades, cujo conteúdo supera a capacidade real da criança, cria zonas de desenvolvimento proximal. Foi também nesse fato que Vigotski se apoiou quando defendeu a tese de que a aprendizagem antecede o desenvolvimento.

Em síntese, o principal aspecto da concepção vigotskiana sobre a interação entre desenvolvimento e aprendizagem é a noção de que os processos de desenvolvimento não coincidem com os de aprendizagem. Vigotski ressaltou que, muito embora uma aprendizagem bem organizada gere desenvolvimento, esses dois processos não são sinônimos. E ainda, mesmo estando a aprendizagem diretamente relacionada ao curso do desenvolvimento da criança, os dois fenômenos nunca acontecem em igual medida ou em paralelo. O processo de desenvolvimento progride sempre de forma mais lenta que o processo de aprendizagem. Essa teoria permite que se estabeleça uma unidade, mas não uma identidade, entre aprendizagem e desenvolvimento. Ela pressupõe que um processo é convertido no outro. Daí a necessidade de entender como a criança internaliza o conhecimento sociocultural e, por conseguinte, como nela se desenvolvem as funções intelectuais superiores.

A internalização do conhecimento acumulado pelos homens ao longo de sua história e disponível no meio social se dá, especialmente, pela linguagem (como foi visto anteriormente neste capítulo). Interagindo com as pessoas que integram seu meio ambiente, a criança apreende os significados linguísticos e, com eles, o conhecimento da cultura. O funcionamento mental mais complexo emerge nas crianças graças às regulações verbais realizadas por outras pessoas, regulações essas que são substituídas gradativamente por autorregulações, à medida que a fala vai sendo internalizada.

Portanto, o processo de apropriação do conhecimento se dá, segundo a teoria vigotskiana, no decurso do desenvolvimento de relações reais, efetivas, do sujeito com o mundo. Vale ressaltar que essas relações não dependem da consciência do sujeito individual; elas são determinadas pelas condições histórico-sociais nas quais ele está inserto e, ainda, pelo modo como sua vida se forma nessas condições. Se essa hipótese for verdadeira – ou seja, se a ontogênese (o desenvolvimento) das funções psicológicas especificamente humanas depender do contexto histórico-social com o qual o sujeito interage –, então, a psicologia, como ciência que se ocupa dos processos de desenvolvimento e aprendizagem, entre outros, não pode permanecer indiferente às particularidades que caracterizam a natureza desses dois fenômenos, sob pena de negligenciar a própria identidade de seu objeto de estudo.

3
A relevância do social numa perspectiva interacionista

NAS ÚLTIMAS DÉCADAS, AS teorias que adotam a perspectiva interacionista como matriz, a partir da qual se pode explicar de forma mais satisfatória o processo de construção do conhecimento, adquiriram destaque nos meios educacionais brasileiros. Para que se possam sistematizar algumas considerações a respeito das diferentes condutas interacionistas que regulam os dois modelos teóricos em pauta (de Piaget e de Vigotski), é conveniente lembrar em que consiste uma abordagem interacionista. Como se sabe, o processo de conhecimento implica uma relação entre o sujeito que busca conhecer e o objeto a ser conhecido, de tal forma que se estabeleçam relações recíprocas entre ambos, as quais modificam tanto o primeiro como o segundo.

Em outros termos, as teorias caracterizam-se como interacionistas quando, nessa dinâmica, não privilegiam nenhum dos dois polos, mas sim a interação que se estabelece entre eles. Alguns autores, mesmo apostando nessa interação como condição para que o conhecimento se realize, ou seja, mesmo sendo interacionistas, atribuem ora maior ênfase ao sujeito, ora ao objeto, e ainda, em outros casos, à unidade dialética constituída pelos elementos em questão.

Piaget e Vigotski compartilham a noção da importância do organismo ativo na construção do conhecimento. Ao explicitarem suas posições teóricas, ambos adotaram uma conduta reconhecidamente interacionista. Entretanto, como se pôde perceber ao longo das reflexões anteriores, Vigotski analisou o desenvolvimento das funções cognitivas especificamente humanas a partir de princípios interacionistas, diferentes dos assumidos por Piaget. Justifica-se tal afirmativa por se considerar que, na verdade, Vigotski adotou como matriz epistemológica de seu interacionismo a dialética materialista, enquanto Piaget fundamentou-se, sobretudo, no método estruturalista.

Vigotski não só detinha maior conhecimento a respeito da corrente epistemológica que o influenciou, como, em razão disso, foi capaz de conceber o organismo humano com um alto grau de plasticidade e de considerar o impacto que a variação do ambiente sócio-histórico pode exercer sobre o desenvolvimento cognitivo. Precisamente por ter assumido esse ambiente como contexto cultural, histórico e, portanto, em constante transformação, é que seu pensamento diferencia-se do de Piaget.

Enquanto Vigotski preocupou-se em explicitar a unidade dialética entre fatores biológicos e culturais, ou seja, preocupou-se com as interações entre as condições sociais em constante mutação e o substrato biológico do comportamento, Piaget adotou um suporte mais biológico, que lhe permitiu postular um caráter universal dos estágios de desenvolvimento.

Um dos principais pontos a ser observado, em qualquer teoria do desenvolvimento que se proponha interacionista, é a forma como concebe a relação entre as bases biológicas do comportamento e as condições sociais nas quais e pelas quais a atividade humana ocorre. Para enfrentar essa questão, Vigotski propôs um sistema funcional do aprendizado. Como tantos outros teóricos, ele admitiu que os sistemas funcionais estão enraizados nas respostas adaptativas mais básicas do organismo, tais como os reflexos condicionados e incondicionados. A contribuição trazida por Vigotski está, justamente, na forma como ele analisou a relação entre os processos biológicos e os de natureza sócio-histórica.

As primeiras formas de comportamento humano – às quais Vigotski denominou de estruturas elementares – constituem totalidades psicológicas construídas basicamente por determinantes biológicos, por processos reativos. Já as estruturas seguintes (ou superiores), quer dizer, as formas de comportamento mais complexas, emergem todas do processo de desenvolvimento cultural. Inicialmente, as respostas que as crianças dão ao mundo são determinadas pelos processos biológicos (estruturas elementares de reação do organismo). Mas, na constante mediação com adultos ou pessoas mais experientes, os processos psicológicos complexos, típicos do homem, começam a tomar forma. Assim, é na e pela interação social que as funções cognitivas são elaboradas.

Nesse sentido, a possibilidade de o homem constituir-se como sujeito e apropriar-se das conquistas efetuadas pela espécie está, de um lado, condicionada ao desenvolvimento de seu sistema nervoso e, de outro, à qualidade das trocas que ocorrem entre os indivíduos. Verifica-se, portanto, uma relação recíproca entre a maturação e as interações sociais no processo de constituição e desenvolvimento dos seres humanos. Em função das variações históricas nos contextos, as quais determinam, em larga medida, as diferentes oportunidades para cada sujeito, não é possível admitir um esquema universal que represente adequadamente as relações dinâmicas entre aspectos endógenos e exógenos no processo de desenvolvimento. Logo, os sistemas funcionais de aprendizagem de várias crianças, ainda que sejam semelhantes, não podem ser tomados como idênticos. Há de se considerar as peculiaridades históricas e sociais de cada momento, mais especificamente, as condições e oportunidades que se colocam para cada uma delas, pois, a depender dos instrumentos de pensamento disponíveis, suas mentes terão, por consequência, estruturas diferentes.

Piaget, provavelmente influenciado pela filosofia kantiana e pelas epistemologias que dão suporte a seu modelo teórico, adotou outra postura ao discutir as relações entre o biológico e o social no processo de desenvolvimento. Ao enfatizar o princípio da recapitulação biogenética na espécie, ele explica essa relação privilegiando o sujeito e não a interação entre os dois polos. Como se sabe, na teoria piagetiana a construção do conhecimento é determinada, fundamentalmente, pela ação da criança. Dispondo dos mecanismos de adaptação e organização, bem como do nível de maturação requerido pela experiência, a criança interage com o meio, construindo estruturas de conhecimento cada vez mais complexas.

Nesse sentido, o que interessa à concepção piagetiana são as contribuições do sujeito no processo de desenvolvimento, referindo-se apenas tangencialmente e de forma genérica ao contexto social em que ele está inserto.

Como um autêntico estruturalista, Piaget acreditava ter desvendado as formas, ou seja, a essência dos mecanismos pelos quais o pensamento se desenvolve. Essas formas universais estariam muito além de possíveis variações contextuais, decorrendo daí o fato de o teórico não ter se ocupado, como Vigotski, com o peso do social na dinâmica interativa. Por conseguinte, Piaget não definiu claramente sua compreensão de meio físico e social. Na medida em que prioriza a ação individual da criança no processo de conhecimento, a relação entre sujeito e objeto escapa à matriz dialética, uma vez que a interdependência entre os dois polos da unidade não é equilibrada: é o sujeito que age sobre o meio físico e social. Portanto, é principalmente a ação individual que move o processo de conhecimento, e não a interação ou as trocas que ocorrem no meio ambiente. As interações sociais, para Piaget, são necessárias, porém não são o fator de maior peso no desenvolvimento.

Ao discutir a relação entre o tempo e o desenvolvimento intelectual, Piaget fez algumas observações que podem contribuir para elucidar sua posição em relação ao papel do social nesse processo. Ele distinguiu dois aspectos do desenvolvimento mental. O primeiro é o aspecto psicossocial, que compreende tudo que a criança recebe do ambiente exterior, ou seja, o que ela aprende por meio da transmissão familiar, escolar e educativa em geral. O segundo aspecto diz respeito ao fator psicológico (espontâneo), isto é, ao desenvolvimento da inteligência propriamente dita, às formas que a criança elabora por si mesma.

Piaget (1978d, p. 212) insistia que seu interesse estava em estudar o aspecto espontâneo e essencialmente cognitivo do desenvolvimento, e justificava sua opção com base em dois motivos:

Porque sou psicólogo e não educador; e, também, porque, do ponto de vista da ação do tempo, é precisamente esse desenvolvimento espontâneo que constitui a condição preliminar evidente e necessária para o desenvolvimento escolar, por exemplo.

Em outras palavras, ele não estava interessado diretamente nos conteúdos acumulados e transmitidos culturalmente. Ele preocupou-se em explicitar a construção dos instrumentos intelectuais, das formas lógicas necessárias para a aquisição de tais conteúdos. Considerando que, do ponto de vista piagetiano, a sequência de evolução da lógica infantil à do adulto é sempre a mesma, a despeito das variações históricas, estudar a influência dos diferentes ambientes de desenvolvimento passa a ser secundário.

Nessa perspectiva, as transmissões sociais por si sós são insuficientes para promover o desenvolvimento, uma vez que só se efetuam mediante a construção de estruturas cognitivas que permitem à criança se apropriar, via assimilação, dos conteúdos transmitidos. Como a assimilação está, indiscutivelmente, condicionada às leis do desenvolvimento espontâneo, quer dizer, como a aprendizagem implica a disponibilidade de esquemas operatórios próprios da criança, é a estes que, em princípio, os estudos psicológicos deveriam se ater para explicar como se dá o desenvolvimento do pensamento. Em sua obra *Psicologia e pedagogia* (1970), Piaget retomou essa questão, demonstrando, mais uma vez, sua preocupação em assinalar o aspecto espontâneo e relativamente autônomo do desenvolvimento das estruturas mentais.

Para ele, o desenvolvimento da inteligência provém de processos maturacionais que podem ser estimulados pela educação (familiar ou escolar), mas que, no entanto, não decorrem dela. O processo de desenvolvimento constitui, pelo contrário, a condição prévia e necessária de todo ensino. A gradativa maturação do sistema nervoso abre novas possibilidades para que a criança, por meio do exercício funcional ligado às ações, promova seu desenvolvimento mental. A aquisição de conhecimento depende das transmissões educativas e sociais, mas o êxito nessa tarefa pressupõe a existência de instrumentos de assimilação, sem os quais não se pode atingir a compreensão.

Logo, a aprendizagem implica uma estruturação do real. Como já foi dito, o registro de todo e qualquer dado exterior requer a existência de condições inerentes à atividade no próprio sujeito. A construção do conhecimento não acontece sem que haja uma reestruturação do conteúdo por parte da criança.

Piaget pretendia deixar claro que os mecanismos necessários a essa reestruturação não estão implícitos no discurso do transmissor – como querem fazer acreditar os empiristas –, mas sim presentes na atividade interna do sujeito.

Dessa forma, toda assimilação é uma reivindicação do sujeito, e todo desenvolvimento só pode ocorrer se as condições capazes de promover desequilíbrios (entre assimilação e acomodação) e de levar a novas reequilibrações estiverem presentes. Portanto, conforme a teoria piagetiana, a linguagem e as interações sociais não são suficientes para promover a lógica do pensamento. Ela só é compreendida graças aos instrumentos de assimilação e acomodação do indivíduo, cuja origem encontra-se na coordenação geral das ações e na construção de operações mentais.

Ainda de acordo com Piaget, há as duas verdades fundamentais da psicologia das funções cognitivas. Primeira, o desenvolvimento das operações intelectuais, o qual decorre, efetivamente, das ações empreendidas pelo sujeito. A lógica é, antes de tudo, a expressão da coordenação-geral das ações. Segunda, a coordenação-geral das ações, que compreende uma dimensão social, uma vez que, para Piaget, as coordenações inter e intraindividuais dos atos constituem um único processo: o sujeito que age é, ao mesmo tempo, sede e resultado dessas coordenações. Isso significa que as operações mentais são construídas por intermédio da ação da criança nos meios físico e social. Mais uma vez, pode-se constatar que o fator social aparece na concepção piagetiana como um elemento secundário, naturalmente incluído, que está apenas implícito nas ações do sujeito: quem age estabelece relações com alguma coisa ou com alguém. Nesse raciocínio, o ambiente social é tão somente o meio onde – por meio da cooperação, no sentido estrito – as operações de cada um tornam-se, paulatinamente, socializadas. Não há, portanto, uma preocupação central em relação à contextualização histórica e social desse ambiente.

Analisando a relevância do contexto social na teoria psicogenética, Freitag (1986, p. 27) afirma que, apesar de Piaget "atribuir ao 'meio' um papel estratégico na construção da inteligência, a ênfase maior recai sobre o meio dos objetos, relegando, em seu último modelo, o mundo social e a interação com sujeitos a um segundo plano". Os primeiros escritos do autor sobre a psicogênese infantil atribuíam destacada importância à linguagem, colocando-a como elemento básico na estruturação do pensamento (ver Capítulo 1).

Por conseguinte, as interações sociais também ganharam força no modelo teórico que estava nascendo. Mas, à medida que Piaget desenvolveu seus princípios e amadureceu suas reflexões, essa ênfase foi deslocada para a ação e a manipulação da criança com os objetos. Quando ele sistematizou seu modelo lógico (hoje o mais difundido), explicando o processo de desenvolvimento do pensamento desde o nascimento até a aquisição da lógica formal, ficou evidente que não era mais a linguagem, e sim a ação – movida pelo processo biológico da maturação –, que estruturava seu pensamento. Assim, são as contradições que se colocam às ações da criança na interação com o meio circundante que representam o principal fator responsável pelo processo de equilibração majorante, ou seja, pela obtenção de níveis mais elevados e superiores de equilíbrios provisórios na forma de pensar e lidar com o mundo.

Dada a importância que Piaget atribuiu à ação do sujeito no processo de conhecimento, poder-se-ia pensar em uma possível aproximação entre seu modelo teórico e o de Vigotski, uma vez que este último também chamou a atenção para a importância da atividade humana no processo de formação das funções complexas do pensamento. No entanto, é preciso notar que a ação, tal como foi concebida por Piaget, está muito distante da compreensão de Marx sobre a categoria do trabalho produtivo (atividade) e que foi, posteriormente, aplicada na psicologia por Vigotski e seus colaboradores. Como assinala Freitag (1985, p. 64-65),

> [...] no caso de Piaget, esta ação é concebida de forma abstrata, como ação geral de um indivíduo descontextualizado, a-histórico, que representa a espécie e no qual estariam atuando os mecanismos universais. Este indivíduo antropológico interioriza ações abstratas, constrói estruturas de consciência formais, por sua vez descontextualizadas que constituem esquemas gerais do pensamento da espécie.

Para Piaget, a ação é principalmente realizada pela criança e tem por objetivo promover seu próprio desenvolvimento. Já para Vigotski, a atividade deve ser entendida como o trabalho organizado e desenvolvido coletivamente em determinado momento histórico e social. É por meio da atividade prática, do trabalho, que os homens interagem uns com os outros, criando e transformando a sociedade e a si próprios.

Nessa perspectiva, a elaboração das funções psíquicas do indivíduo depende da apropriação do conteúdo objetivo disponível na cultura. Esse conhecimento, acumulado pelas gerações precedentes e veiculado pelos signos e instrumentos, é passado aos mais jovens por meio da interação, das trocas sociais. Portanto, distanciando-se do postulado piagetiano, Vigotski acreditava que o sistema de atividade da criança seria determinado, especialmente, pelo grau de domínio que ela apresenta no uso desses mediadores do conhecimento: os instrumentos e os signos.

Piaget partiu do princípio de que o homem não é um ser social desde o início. Para demonstrar como ocorre o processo de socialização, ele desenvolveu alguns conceitos particularmente interessantes, na medida em que colocam em evidência sua compreensão quanto à função e ao valor das interações sociais.

Na ótica piagetiana, o desenvolvimento da conduta social compreende basicamente três fases: o pensamento autista, o egocêntrico e o socializado. O primeiro se apresenta essencialmente individualista e incomunicável. Trata-se de uma forma de pensamento subconsciente: os objetivos que o determinam e os problemas que enfrenta não estão presentes na consciência. Sendo um pensamento que não está adaptado à realidade, desenvolve-se em um mundo imaginário, fantasioso, regido pelo princípio do prazer. A tendência desse pensamento é satisfazer os próprios desejos, sem estar comprometido com o estabelecimento de verdades. Como ele é difuso, incapaz de utilizar a linguagem, tem de recorrer a procedimentos indiretos para expressar seus sentimentos.

O pensamento egocêntrico, por sua vez, é uma forma intermediária entre a conduta autista e a socializada. Ele procura adaptar-se à realidade, apesar de não se expressar como tal. A lógica egocêntrica é muito intuitiva, sincrética, o que torna seus raciocínios pouco explícitos: o julgamento passa das premissas às conclusões sem se preocupar com a explicação das etapas que se encontram entre esses dois pontos. Não é uma lógica equilibrada, no sentido em que apresenta pouco controle sobre as proposições; opera com esquemas pessoais, constituídos à base de analogias, ou seja, procede, basicamente, por comparações, observando semelhanças e diferenças.

Nessa linha de raciocínio, os esquemas perceptivos desempenham um papel importante, servindo como demonstração ou apoio para as deduções. O egocentrismo revela, acima de tudo, uma inabilidade para lidar com o ponto de vista do outro. A ação egocêntrica é centrada no próprio sujeito e não apresenta, portanto, reversibilidade – ou seja, a capacidade para perceber que algo realizado pode ser desfeito, voltando ao ponto de partida. O egocentrismo intelectual é, pois, uma atitude espontânea que comanda o pensamento da criança nessa fase, permanecendo pelo resto da vida em estado de inércia mental e voltando a atuar sempre que um novo patamar cognitivo precise ser alcançado. De acordo com Piaget, sair desse estágio implicaria não tanto adquirir conhecimentos novos sobre os objetos e as pessoas, mas descentralizar-se e dissociar o sujeito do objeto. Isso significa tomar consciência da sua subjetividade, situando-se no conjunto de perspectivas possíveis, ou seja, o sujeito se torna capaz de estabelecer relações comuns e recíprocas entre os objetos, as pessoas e seu próprio eu.

Na teoria piagetiana, o egocentrismo social é explicado como um reflexo ou um caso particular do egocentrismo epistêmico. A criança descobre as pessoas do mesmo modo que descobre os objetos, valendo-se dos mesmos mecanismos. Observe-se que as ilusões de perspectiva ocorrem em relação ao meio físico e também em relação ao grupo social.

Tanto o egocentrismo de natureza epistêmica como aquele que a criança revela nas atitudes sociais são, na verdade, aspectos diferentes de um único fenômeno: a criança, centrada em si mesma, projeta suas qualidades internas sobre os objetos e as pessoas aos quais se dirige. Nas suas interações sociais, ela não consegue dissociar o seu ego do de outrem. Uma vez que o pensamento permanece ignorando a si próprio, não pode alcançar a consciência da sua personalidade. Resta, então, perguntar como se dá a socialização da sua personalidade. Piaget defendia a ideia de que no plano social, assim como no epistemológico, a aquisição de novos conteúdos é um fator secundário no processo de descentralização. Essa problemática é equacionada com a construção de pontos de vista, quando o sujeito, sem abandonar sua premissa inicial, procura situá-los entre tantos outros possíveis. Assim sendo, a cooperação ou a socialização supõe duas condições: primeira, tomar conhecimento de si próprio como sujeito e desvincular o sujeito do objeto, no sentido de não mais emprestar ao último os caracteres do primeiro. Em segundo lugar, deixar de considerar seu ponto de vista como o único possível e, consequentemente, coordená-lo em conjunto com outros.

Em síntese, adaptar-se ao meio "é construir um conjunto de relações, e situar-se entre essas relações, graças a uma atividade de coordenação que implica na descentralização e reciprocidade nos pontos de vista" (Piaget, 1959, p. 113).

Por intermédio da coordenação gradual das ações – denominador comum dos sistemas de operações da razão e da cooperação interindividual –, a criança chega ao pensamento reversível, condição básica e indispensável para participar, de fato, do círculo de cooperações sociais.

A possibilidade de haver trocas interpessoais, interações sociais efetivas, durante a infância, fica ainda mais limitada quando se observa que o comportamento egocêntrico manifesta-se também no desempenho linguístico da criança, definindo a forma como ela se comunica com outras pessoas. Nesse modelo psicogenético, os diferentes estágios de desenvolvimento da fala estão estreitamente vinculados ao desenvolvimento das formas de cooperação. A linguagem egocêntrica coincide com a cooperação no plano da ação, da mesma forma que o diálogo inteiramente socializado vincula-se a relações cooperativas mais especializadas, constatadas no nível das ideias. A fala egocêntrica se identifica por estar inteiramente voltada ao próprio locutor: a criança fala para si mesma, sem se importar com os ouvintes.

Nessa fase, a criança não está preocupada em saber se alguém a ouve. A fala egocêntrica pode ser comparada a um monólogo no qual a criança pensa em voz alta. Para Piaget, essa forma de comunicação não cumpriria nenhuma função especial no comportamento infantil. Ela é um apêndice da ação, embora não seja constitutiva para esta. A tendência da fala egocêntrica é atrofiar-se à medida que a idade escolar se aproxima. Por volta dos 7, 8 anos, o desejo de participar da coletividade e de comunicar-se com outros fica mais intenso, e as interações sociais se ampliam. Isso porque a criança vai, aos poucos, adquirindo a lógica comunicativa, que lhe permite superar as atitudes egocêntricas e desenvolver relações de cooperação.

O processo de socialização do pensamento completa-se na adolescência quando, então, o pensamento passa a se orientar pela adaptação progressiva dos indivíduos uns aos outros. O pensamento socializado, inteiramente consciente, encaminha-se para objetivos pré-elaborados pelo sujeito. Além de estar adaptada à realidade e procurar agir sobre ela, essa conduta apresenta a grande vantagem (sobre as demais formas de pensamento) de ser facilmente comunicável pela linguagem. Esse fato faz com que a inteligência possa proceder cada vez mais por conceitos, distanciando-se assim da lógica egocêntrica ligada aos movimentos e à representação por imagem.

A inteligência comunicável, ou pensamento socializado, prima pela capacidade hipotético-dedutiva, tornando explícitas as ligações entre as proposições: os esquemas de analogia são substituídos por deduções. Nessa fase, o raciocínio se expressa de forma organizada, procurando convencer os interlocutores. Com a progressiva descentralização, os julgamentos pessoais de valor vão sendo gradativamente substituídos por juízos e princípios coletivos, mais próximos da razão comum.

Assim, pode-se dizer que, em Piaget, as formas de cooperação mais avançadas estariam presentes somente no modelo de pensamento lógico-formal, quando a perspectiva do outro já está inteiramente incorporada à reflexão e, portanto, quando o pensamento se encontra aberto para todas as possibilidades.

Piaget apresentou uma compreensão particular das influências que os adultos podem exercer sobre o processo de socialização da criança. Para ele, o adulto é, ao mesmo tempo, muito superior e muito próximo da criança: superior porque é mais experiente, e próximo no sentido de que pode identificar e compreender o pensamento da criança. Diante dos adultos, a criança reage como se estivesse interagindo com um *alter ego* ou uma inteligência superior. Nessa relação de superioridade e inferioridade, a criança distingue o eu e o outrem, socializando-se. "A autoridade espiritual do adulto faz pressão com todo seu peso sobre o pensamento da criança" (Piaget, 1959, p. 93-94).

Já a influência que a criança pode receber de companheiros da mesma faixa etária não pode ser interpretada da mesma forma. Em um grupo com idade homogênea, existe certa semelhança em termos de saber e poder. Outro dado a ser considerado é que, precisamente por estarem todas as crianças situadas em níveis aproximadamente semelhantes, não existe entre elas hierarquia de autoridade. Logo, na relação com seus companheiros, a criança se socializa de maneira diversa àquela observada com adultos. Quando se trata de interações entre grupos da mesma idade, as crianças oscilam entre o monólogo (coletivo ou individual) e a discussão, a qual Piaget considerava como verdadeira permuta, justamente porque as diferenças de condições presentes nas relações com os adultos inexistem.

> Eis por que a criança se socializa mais, ou de modo diferente, com os seus semelhantes do que com os adultos. Onde a superioridade do adulto impede a discussão e a cooperação, o companheiro dá ocasião a essas condutas sociais, que determinam a verdadeira socialização da inteligência. De maneira oposta, onde a igualdade dos companheiros impede a questão ou a interrogação, o adulto está a sua disposição para responder. (Piaget, ibidem, p. 94-95)

Nesses termos, Piaget identificou dois tipos de relação, distintos mas complementares, no processo de socialização da criança. À medida que a criança cresce, seu respeito pela superioridade adulta tende a diminuir e a mudar de caráter. O adulto deixa de ser "dono da verdade" e os questionamentos transformam-se em discussões. A partir de então, o conjunto das atividades de socialização, gestadas pelas trocas no grupo da mesma idade, prevalece sobre as atitudes de submissão intelectual da relação entre criança e adulto, colocando-se como instrumento fundamental do qual o sujeito se servirá, cada vez mais, durante toda a vida. Para Piaget, as relações interpessoais estariam presentes na vida da criança desde o nascimento. A intervenção do social no processo de desenvolvimento se expressaria, sobretudo, pela coação progressiva do ambiente sobre a criança – em outras palavras, pelas regularidades impostas pelos adultos. Entretanto, esse conjunto de regras permanece por algum tempo incompreendido. É somente por volta do final do primeiro ano de vida, com a aquisição do comportamento imitativo e da linguagem, que a criança começa de fato a socializar-se. Não obstante, mesmo com o desenvolvimento da fala, o processo de comunicação se mantém precário por certo tempo, já que a linguagem serve, a princípio, muito mais para acompanhar e estimular a própria ação do que para nutrir um efetivo diálogo interpessoal. O ponto de partida é, pois, o estado de isolamento, penosamente rompido ao longo do desenvolvimento. Segundo Oliveira (1988), a natureza das relações que a criança mantém com outras pessoas e o predomínio inicial dos símbolos individuais sobre os signos coletivos no processo de construção de esquemas (elaborados por meio de mecanismos biológicos de autorregulação) impedem um estado equilibrado de socialização, no qual os indivíduos consideram-se iguais, podendo controlar-se mutuamente e atingir a objetividade.

Quando Piaget descreveu o processo de socialização do ser humano, ficou patente que, na sua opinião, as ações, a motivação e a cooperação mantêm estreitas ligações com as funções intelectuais, havendo influência recíproca entre tais fatores. O ambiente social propicia condições para que a criança interaja com outros indivíduos, desenvolvendo, assim, o espírito de cooperação. Todavia, embora Piaget tenha reconhecido que a cooperação social favorece a descentralização cognitiva necessária à formação do pensamento lógico, ele considerava que as relações de cooperação só aparecem a partir de determinado nível de desenvolvimento, mais especificamente com o estabelecimento do pensamento operatório.

Como atestou Perret-Clermont (1978), a aptidão para cooperar é solidária ao desenvolvimento das operações. A crescente articulação das intuições possibilita o aparecimento dos agrupamentos operatórios, fazendo com que a criança se torne cada vez mais apta à cooperação. Isto ocorre porque as operações pressupõem reciprocidade entre indivíduos que saibam diferenciar seus pontos de vista. Vale lembrar que antes desse estágio as trocas interindividuais ficam, de certa forma, bloqueadas pela conduta egocêntrica da criança.

Na verdade, a sociedade estruturada, objetiva, coercitiva, alienadora e formadora só existe para o sujeito depois de certo nível de desenvolvimento e, ainda assim, essa existência depende da reconstrução conceitual que os indivíduos fazem no plano mental.

Tendo em vista as discussões levantadas, pode-se inferir que, de acordo com a teoria piagetiana, o desenvolvimento da inteligência é, de início, essencialmente sensório-motor e individual, e caminha, aos poucos, para uma progressiva formalização. Desde os níveis mais elementares, a ação do sujeito lhe permite conhecer a si mesmo e ao mundo. Como bem observou Oliveira (1988), é da coordenação geral das ações que se origina a lógica própria da inteligência representativa ou conceitual: os conceitos, os julgamentos e os raciocínios prolongam os esquemas de ação, interiorizando-os. O primado da ação individual sobre os mecanismos seletivos de significação e de formação do pensamento foi fortalecido quando Piaget admitiu que, antes do desenvolvimento da linguagem, a criança dispõe de uma inteligência fundamentalmente prática, que tem origem na ação.

Dessa forma, a possibilidade de o conhecimento derivar das aquisições linguísticas é descartada. A linguagem pode, em alguns momentos, funcionar como auxiliar no processo de construção desse pensamento.

> Desacreditando que significados partilhados no início do desenvolvimento possam atuar sobre o desenvolvimento cognitivo, fica fácil para Piaget defender uma inteligência inicialmente individual, intuitiva, que constrói "sinais" individuais e a imagem mental, que seria de ordem íntima, e que apenas mais tarde, graças à possibilidade de realizar reversibilidades operatórias, se socializa e se apropria de sinais coletivos como os da linguagem. (Oliveira, 1988, p. 96-97)

As teses piagetianas acerca da função simbólica ou semiótica corroboram a hipótese da influência dos pensadores estruturalistas (nesse caso, especialmente de Saussure) em suas concepções. Piaget também entendeu a função simbólica como uma relação entre significante e significado. Entretanto, o fato de o autor não ter contextualizado essa relação leva a um empobrecimento profundo da construção desses significados, uma vez que se acredita que tal construção é fundamentalmente histórica: os significados são variáveis justamente porque são elaborados em função da posição que o sujeito ocupa socialmente.

Como se pode perceber, Piaget incluiu as relações sociais entre os fatores que condicionam a psicogênese das estruturas cognitivas. No entanto, não lhe atribuiu um efeito específico e diferenciador no processo de construção do conhecimento. Nesse sentido, a função da interação social não foi suficientemente destacada em seu modelo teórico. O autor descartou um estudo pormenorizado da influência do contexto social que (como confirmam os estudos feitos por Freitag, em 1986), com certeza, revelaria um efeito diversificador sobre o processo de desenvolvimento do pensamento.

É certo que as interações sociais geram conflitos capazes de perturbar o estado de equilíbrio das estruturas mentais, mas é preciso lembrar que os desequilíbrios não ocorrem sem que a criança disponha de maturidade (mecanismos de assimilação) que lhe permita perceber o conflito. Sem essa condição prévia, a problemática simplesmente não existe. Portanto, os mecanismos básicos para que o desenvolvimento ocorra situam-se no sujeito e não na interação social.

Divergindo da postura piagetiana, Vigotski preocupou-se, justamente, em mostrar que o desenvolvimento das funções psíquicas superiores não se prende a leis biológicas, mas a leis sociais e, por isso, históricas. Para ele, a natureza humana é, desde o início, essencialmente social: é na relação com o próximo, numa atividade prática comum mediada pelos signos e instrumentos, que os homens se constituem e se desenvolvem como tais. Vigotski interpretou a interação humana no seio de um contexto histórico, destacando a linguagem como instrumento que promove a formação do psiquismo. Como diz Oliveira (1988, p. 93),

> é por ser capaz de estabelecer relações com outras pessoas que o bebê pode aprender, na díade, a solucionar problemas, acompanhando o processo do adulto de gradativamente simplificar, retirar apoio, retirar pistas e, em contrapartida, recompor o conjunto da situação, internalizando os passos do processo.

Vigotski deixou transparecer o peso das interações sociais em sua proposta teórica, especialmente quando analisou a função da linguagem no processo de desenvolvimento. Neste ponto, novamente se constata uma distância muito grande entre suas convicções e as de Piaget. Enquanto este último acreditava que a fala passa por um processo de evolução para tornar-se socializada – quando então poderá ser um mecanismo verdadeiramente útil (comunicativo) nas relações de cooperação –, Vigotski considerava que a fala é, desde o estágio mais primitivo, socializada, e sua função primordial, tanto nas crianças como nos adultos, é a comunicação, o contato social. Inicialmente, dizia Vigotski, a linguagem é global e multifuncional. Mas, aos poucos, suas funções vão sendo diferenciadas até que, em certa idade, a fala social da criança divide-se em fala egocêntrica e fala comunicativa.

A fala egocêntrica corresponde ao período em que a criança começa a transferir formas sociais e cooperativas de comportamento para a esfera das funções psíquicas pessoais. A fala social (oral), utilizada de início para dirigir-se a outra pessoa, é internalizada gradativamente.

Uma vez completado esse processo, em vez de a criança recorrer a uma pessoa mais experiente, ela própria regula seu comportamento por meio da fala interior. Com isso, a linguagem adquire uma função intrapessoal, além de ser o principal instrumento das relações interpessoais. Dessa forma, o curso do desenvolvimento do pensamento, incluindo-se, evidentemente, a comunicação linguística, não ocorreria do individual para o social (como sugeriu Piaget), mas do social para o individual.

Na concepção vigotskiana, o ambiente social em que a criança está inserta constitui, de fato, uma zona de desenvolvimento, na medida em que as pessoas mais experientes colocam-se como uma consciência indireta que ajuda a criança a discernir melhor sua experiência e, por conseguinte, a sair da indiferenciação inicial. Num primeiro momento (como visto no Capítulo 2), são essas pessoas mais experientes que regulam o comportamento da criança, por meio da linguagem. Mais tarde, com a internalização da fala social, a criança adquire a capacidade de planejar sua própria ação e de se autorregular. Juntamente com a linguagem, são internalizados valores, significados, regras de conduta, enfim, formas culturais de comportamento (ou de papéis) que possibilitam atribuir novo sentido ao real, criar novos símbolos e ampliar o conhecimento.

A psicologia do desenvolvimento, cujo maior representante é Piaget, postula a existência de uma estreita vinculação entre os processos de maturação e de desenvolvimento, de tal forma que este último não pode ocorrer sem que estejam presentes as condições maturacionais necessárias. Ora, esse princípio limita – e muito – as possibilidades de desenvolvimento geradas pela interação social e, por que não dizer, pela educação. Toda a aprendizagem implícita no processo educacional é encarada como um fator externo que deve, necessariamente, apoiar-se nas condições postas pela maturação, ou seja, no nível de desenvolvimento alcançado pela criança. Nesse raciocínio, a ação educativa só encontra ressonância se estiver adequada ao nível de desenvolvimento mental.

Já os psicólogos soviéticos (adeptos do materialismo histórico), por acreditarem que as funções psíquicas do indivíduo são construídas na medida em que são utilizadas, sempre em dependência do conteúdo objetivo a partir do qual se constroem, defendem a ideia de que as interações, de modo geral, e o ensino, em particular, não devem estar atrelados ao processo de amadurecimento.

Segundo David et al. (1989), para esses psicólogos, a criança amadureceria ao ser ensinada e educada, quer dizer, à medida que, sob a orientação de adultos ou companheiros mais experientes, se apropria do conhecimento elaborado pelas gerações precedentes e disponível em sua cultura. Desse modo, a maturação se manifesta e é produzida pelo processo de educação e ensino. De acordo com essa visão, o comportamento não é mais função da maturação e sim das trocas que se efetuam no meio ambiente. Daí a relevância da interação social, uma vez que dela depende o desenvolvimento mental. Essa análise altera, pela raiz, a postura pedagógica subjacente à concepção piagetiana, ampliando e atribuindo vital importância ao papel do professor e às interações que se estabelecem no âmbito escolar. De acordo com a proposta teórica de Vigotski, o ensino não tem de aguardar o nível de desenvolvimento necessário para sua assimilação, devendo, ao contrário, produzi-lo.

Para melhor explicitar a importância das interações sociais no desenvolvimento cognitivo, Vigotski criou o conceito de "zona de desenvolvimento proximal". Do ponto de vista da instrução, esse conceito compreende os aspectos centrais da sua teoria; foi por meio dele que o autor demonstrou como um processo interpessoal (social) se transforma num processo intrapessoal (psíquico).

Ao descrever essa passagem do social para o individual, ele destacou a importância da experiência partilhada, da comunhão de situações, do diálogo e da colaboração, concebendo, desse modo, o aprendizado como um processo de troca e, portanto, um processo social. Vigotski acreditava que as possibilidades de ensino não poderiam ser definidas a partir de condições de aprendizagem manifestadas pelas crianças, ou seja, com base naquilo que elas podem resolver sozinhas. Para equacionar essa problemática, ele propôs um segundo nível de desenvolvimento, que se refere à aprendizagem realizada mediante a ajuda de outras pessoas – qual seja, o nível de desenvolvimento potencial. A distância entre o que a criança aprende espontaneamente (nível de desenvolvimento real) e aquilo que ela realiza com o auxílio do meio (nível de desenvolvimento potencial) caracteriza o que denominou de zona de desenvolvimento proximal.

Esse conceito é potencialmente útil para educadores e psicólogos, uma vez que, por meio dele, pode-se identificar o desenvolvimento mental tanto retrospectiva (pelos ciclos já completados) como prospectivamente (pelos processos cognitivos em formação). Portanto, a zona de desenvolvimento proximal é um instrumento que permite entender o curso interno do desenvolvimento e, assim, atuar sobre as possibilidades imediatas da criança. Para que a escola possa incrementar essa zona de desenvolvimento, é interessante que seus profissionais colaborem na análise dos processos internos (em formação), os quais deverão ser estimulados ao longo do ensino. Assim, as funções psicológicas que se encontrarem em condições potenciais de desenvolvimento poderão ser ativadas e completadas, a partir de esforços diretos da instrução. Ao se referir às implicações educacionais do conceito de zona de desenvolvimento proximal, David *et al.* (1989, p. 5) afirmam:

> Um ensino que se apoia apenas nas funções psicológicas já desenvolvidas não é nem desejável nem produtivo, do ponto de vista do desenvolvimento cognitivo global: todo bom ensino é aquele que se dirige para as funções

psicológicas emergentes, em processo de se completarem. Assim, o ensino deve incidir sobre a zona de desenvolvimento potencial, estimulando processos internos maturacionais que acabam por se efetivar, passando a constituir a base para novas aprendizagens.

Essas considerações em torno do conceito de zona de desenvolvimento proximal reafirmam o princípio vigotskiano de que as interações sociais em geral e, em especial, o ensino sistemático constituem o principal meio pelo qual o desenvolvimento avança.

Partindo da ideia de que a construção do conhecimento manifesta-se na e pela interação social, conclui-se que ela deve ser um processo transparente, inteiramente possível de ser observado e comungado por todos aqueles que participam da situação. É justamente essa "visibilidade" que amplia a capacidade cognitiva individual, porque ela abre espaço para a tomada de consciência e a realização em conjunto das tarefas que o indivíduo não é capaz de realizar sozinho. Vista por esse ângulo, a interação com adultos ou com pessoas mais experientes assume um caráter estruturante, pois, além do apoio afetivo, ajuda a atividade cognitiva.

Obviamente, o ensino sistemático não é o único fator capaz de alargar os horizontes da zona de desenvolvimento proximal. Ao discutir o papel do brinquedo, Vigotski demonstrou, de forma extremamente original, como as interações sociais que as crianças estabelecem nessas circunstâncias concorrem para o seu desenvolvimento. Segundo ele, a criança projeta-se no brinquedo, realizando as atividades dos adultos, ensaiando atitudes, valores, hábitos, significados que se encontram muito além de suas possibilidades efetivas e, no entanto, serão posteriormente incorporados à sua forma de agir e pensar. Mesmo havendo uma grande distância entre o comportamento na vida real e o comportamento com o brinquedo, a atuação no mundo imaginário cria uma zona de desenvolvimento proximal composta de conceitos e processos em desenvolvimento. Isso ocorre porque, ao brincar, a criança se comporta de um modo que está além do habitual para sua idade. Assumindo papéis adultos, ela atua em um nível superior ao que na verdade se encontra. Ao incorporar o papel de mãe, por exemplo, ela está tomando consciência das regras que regem o comportamento maternal.

Enquanto brinca, a criança reproduz regras, vivencia princípios que percebe na realidade. Logo, as interações requeridas pelo brinquedo possibilitam a internalização do real, promovendo o desenvolvimento cognitivo.

Essa visão do papel do brinquedo no desenvolvimento cognitivo difere radicalmente da proposta por Piaget. Sem aprofundar a questão, convém ressaltar que, para esse autor, prepondera no brincar a assimilação, ou seja, a criança assimila o que percebe da realidade, incorporando esse conteúdo às estruturas já construídas. Nesse sentido, o brinquedo não modifica a criança. Por outro lado, Piaget reconhece que a imitação exige que a criança se acomode, transforme-se para desempenhar papéis ou seguir modelos que estão muito distantes de suas possibilidades reais de atuação. Desse modo, como se percebe, mais uma vez Vigotski e Piaget diferem, desta vez quanto às possibilidades de transformações cognitivas que o brinquedo proporciona à criança.

Os aspectos teóricos levantados permitem observar uma significativa divergência quanto ao valor e à função da dimensão interativa entre os dois modelos teóricos em questão. Piaget não incluiu em seus estudos as múltiplas determinações do contexto social sobre o sujeito. Além das variáveis já discutidas, é possível inferir que tal postura se explica, sobretudo, pelo conceito de autorregulação do sistema cognitivo, postulado por esse autor. No entender de Piaget, dispondo de um mecanismo autorregulador, as estruturas cognitivas asseguram sua automanutenção e, consequentemente, a do sistema cognitivo. Assim, o desenvolvimento mental se orienta no sentido de garantir a própria preservação da estrutura cognitiva. Desse fato decorre o aspecto secundário atribuído ao meio por Piaget: a estrutura cognitiva tende a se preservar, qualquer que seja o contexto em que se encontre.

Como se sabe, Piaget não estava preocupado com o sujeito psicológico, mas sim com o epistêmico. Sua obra se encaminhou no sentido de desvendar as formas pelas quais o desenvolvimento procede. Relegando o conteúdo a segundo plano, o contexto histórico e social no qual é gerado também se torna irrelevante.

As divergências contextuais e suas influências no processo de desenvolvimento não chegaram a merecer atenção especial por parte de Piaget, uma vez que a constituição das formas de pensamento (a psicogênese infantil), segundo ele, independe das transformações históricas ou variações contextuais. A interação social compreende, sobretudo, as transformações que o sujeito opera em si próprio, mediante sua ação sobre o meio. Inteiramente voltado para o sujeito e preocupado com a construção do raciocínio lógico, Piaget não aprofundou suas discussões quanto ao mundo humano e social, com o qual a criança interage e do qual depende – para além da construção de seu pensamento – sua sobrevivência. A psicogênese piagetiana oferece um quadro teórico extremamente rico e dinâmico, capaz de orientar uma multiplicidade de métodos e técnicas pedagógicos. Mas, quando se busca analisá-la como perspectiva interacionista, seus princípios omitem uma dimensão central para tal abordagem, a saber, as relações recíprocas e equitativas entre sujeito e objeto.

Por outro lado, o conceito vigotskiano de interação social se refere a ações partilhadas, ou seja, a processos cognitivos realizados não por um único sujeito e sim por vários. Partindo da dialética materialista, ele concebeu o desenvolvimento das funções psíquicas do homem como um processo essencialmente cultural, histórico. Nessa medida, defendeu a ideia segundo a qual o principal mecanismo de desenvolvimento dessas funções é a apropriação de atividades de diferentes modalidades e formas sociais historicamente constituídas.

Ora, se a atividade só pode efetuar-se em sua expressão exterior, Vigotski postulou que também os processos cognitivos são, de início, apropriados de igual maneira, ou seja, na forma como se manifestam na interação social. É só mais tarde que essas formas externas transformam-se, graças a um processo gradual e paulatino de internalização, em formas internas, psíquicas, próprias do sujeito. A mediatização entre o social e o psicológico se dá, portanto, na atividade prática, por meio de instrumentos de trabalho e principalmente com base na internalização da linguagem. Com isso, Vigotski conseguiu mostrar como a natureza social das pessoas torna-se, igualmente, sua natureza psicológica.

Ao buscar as origens das formas superiores de comportamento, presentes nas relações sociais que o indivíduo mantém com o mundo à sua volta, Vigotski chegou ao caráter mediado desses comportamentos: identificou, então, a importância das interações, das trocas, da instrução no processo de constituição do sujeito psicológico. É na atividade prática, social e historicamente organizada que o indivíduo se apropria das formas de comportamento de natureza social. Cabe precisar, no entanto, que não se trata de considerar o comportamento algo condicionado pelo social. Ao contrário, convém ressaltar que o social fornece, isto sim, um quadro de interpretações para o comportamento humano.

Do ponto de vista da instrução sistemática, esse é o grande desafio que se coloca a uma prática pedagógica pretensamente interacionista: discutir as interações entre crianças e entre criança e adulto com base em dados empíricos, historicamente contextualizados. O desenvolvimento não se produz apenas por uma soma harmoniosa de experiências, mas, acima de tudo, por vivências em matrizes sociais diferentes, cujos interesses e valores são frequentemente contraditórios. A criança aprende opondo-se a alguém, identificando-se, imitando, estabelecendo analogias, internalizando símbolos e significados, tudo isso em um ambiente social e historicamente localizado. Assim, é preciso considerar que as interações sociais educativas pressupõem a manifestação e o confronto de diferentes ideias, gestadas em momentos distintos.

Pode-se dizer que Vigotski fechou sua proposta em torno do paradigma interacionista ao superar o entrave representado pelas condições maturacionais, com isso produziu uma verdadeira revolução em um dos conceitos-chave da psicologia da educação: a relação entre desenvolvimento e aprendizagem. Liberando a aprendizagem do jugo do desenvolvimento, Vigotski reuniu as teses que garantiram à sua proposta uma maior eficácia, quando se trata de discutir as possibilidades da interação na busca por um ensino mais produtivo, por meio de uma comunicação mais clara, precisa, rica e desafiante. Isso posto, fica patente que o autor não pode ser classificado meramente como um autor interacionista. Antes disso, ele se enquadra na vertente sociointeracionista, dada a percepção clara com que tratou em sua obra as relações recíprocas que se estabelecem entre sujeito e objeto, entendendo por objeto não um meio genérico, abstrato e atemporal, mas, sobretudo, um ambiente social, historicamente determinado.

Considerações finais

A ANÁLISE EFETUADA AO longo deste trabalho mostra que na perspectiva interacionista, de Jean Piaget a Lev Vigotski, o papel do social se altera qualitativamente no que diz respeito aos processos de desenvolvimento e aprendizagem. Esses dois autores iniciaram suas obras mais ou menos na mesma época; não obstante, constatam-se divergências significativas entre o interacionismo implícito da concepção piagetiana e aquele proposto por Vigotski. Tais discrepâncias podem ser pensadas pela retomada de alguns aspectos que se acredita fundamentais para a compreensão das teorias, clarificando, paralelamente, os propósitos deste estudo.

A começar pelo conceito de social, é preciso lembrar que o meio ambiente em Piaget é algo genérico, abstrato e a-histórico. É nesse ambiente, concebido de forma imediata e, portanto, descontextualizada, que o sujeito epistêmico interage com os objetos físicos e com as pessoas, construindo seu conhecimento.

Vale destacar ainda que, para Piaget, a interação propriamente dita (no sentido de realização de trocas) só ocorreria efetivamente após a constituição do pensamento operatório, quando a criança já está superando as limitações características do egocentrismo, que marca os primeiros estágios de seu desenvolvimento. Até então, seria basicamente a ação individual da criança que permitiria tanto a construção de estruturas cognitivas como, por conseguinte, sua descentralização. Assim sendo, a comunicação entre os homens na atividade prática – que na abordagem sociointeracionista aparece como principal fator no desenvolvimento das funções psicológicas – seria, na concepção piagetiana, secundarizada, em favor dos mecanismos de construção do pensamento próprios do sujeito, em especial do mecanismo biológico de equilibração majorante. Ao definir a linguagem apenas como uma das funções simbólicas, Piaget demonstrou que sua postura teórica não estava voltada, prioritariamente, para a interação social (no processo de explicação da evolução do conhecimento humano) como o fator pelo e no qual tal evolução se daria. Postulando a presença de uma inteligência inicialmente prática, destituída de linguagem, Piaget desvinculou a formação do pensamento da aquisição linguística, como se o primeiro fosse anterior e independente da segunda.

Vigotski, por sua vez, definiu o meio social como o contexto das relações que os homens, diariamente, estabelecem entre si e com a realidade objetiva, na luta por garantir a satisfação de suas necessidades básicas, ou seja, na luta pela sobrevivência. É nesse ambiente social e historicamente organizado que o sujeito se insere e se constitui como tal. Interagindo com os demais, por intermédio do trabalho, ele participa ativamente da construção e transformação tanto desse ambiente como de si mesmo. Isso equivale a dizer que as funções complexas do comportamento humano são elaboradas conforme são utilizadas, a depender do conteúdo objetivo sobre o qual incidem e das interações a partir das quais se constroem. Entende-se, portanto, que a natureza humana seria, desde o início, essencialmente social, na medida em que ela se origina e se desenvolve na e pela atividade prática dos homens.

Nesse raciocínio, a linguagem ocuparia um papel central do processo de desenvolvimento: é apropriando-se dos significados veiculados pela linguagem (assim como dos instrumentos físicos construídos pelos homens no decorrer da história) que o indivíduo apreende o conhecimento disponível em sua cultura e se desenvolve. Reside precisamente nesse duplo aspecto da linguagem – como instrumento do pensamento e da comunicação – a possibilidade de desenvolver os processos de aprendizagem por meio de trocas entre crianças ou entre elas e adultos.

Contudo, as razões pelas quais se acredita que Vigotski superou Piaget – ao apresentar uma teoria de natureza sociointeracionista, na qual predomina uma visão de homem, mundo e sociedade mais dinâmica, integrada, flexível e contextualizada – vão além do conteúdo psicológico explícito em suas concepções: elas remontam às bases epistemológicas que fundamentam suas propostas.

Piaget, preocupado em explicar como se forma o conhecimento, sistematizou uma reflexão de caráter mais filosófico, tendo sido influenciado tanto por pensadores empiristas como por idealistas (que são, em última instância, as duas grandes vertentes teóricas com as quais ele se debateu).

Já Vigotski, vivendo em um contexto político-social revolucionário, em transformação, teve as condições práticas das quais necessitava para perceber e superar o dualismo que caracterizava a ciência psicológica – e havia se instituído justamente pela adoção de matrizes epistemológicas que enfatizam ora o sujeito (idealismo) ora o objeto de conhecimento (empirismo). Essas abordagens teóricas que dicotomizam o homem e seu meio (físico e social) estavam longe de garantir, para esse autor, a unidade dialética que ele buscava entre o sujeito do conhecimento e o objeto a ser conhecido. Assim, adotou uma concepção interacionista distinta, criando uma obra mais abrangente e mais coerente do ponto de vista epistemológico.

Pretendendo elaborar uma síntese das duas formas antagônicas de pensamento que orientavam as pesquisas em psicologia, Vigotski apoiou-se no materialismo histórico. Isso lhe permitiu defender um interacionismo em que se prioriza, de fato, a interação entre indivíduo e meio ambiente (entendido como o contexto sócio-histórico em que se vive), admitindo-se, dessa forma, uma determinação mútua entre ambos. Ao conceber o desenvolvimento humano como um processo em íntima vinculação com a atividade prática dos homens, Vigotski construiu uma teoria essencialmente interacionista para explicar como se dá o desenvolvimento das funções psíquicas superiores.

Piaget, por outro lado, servindo-se do método estruturalista, centrou sua atenção no polo do sujeito, encarando o objeto apenas como elemento potencialmente perturbador da estrutura cognitiva. Desse modo, não há no construtivismo piagetiano trocas recíprocas e influências equitativas entre os dois polos da unidade de conhecimento, o que caracteriza a natureza da abordagem interacionista. Não se nega, no entanto, que Piaget seja um interacionista: a interação entre criança e meio como um dos fatores responsáveis pela gênese do pensamento está clara em sua teoria.

Os estudos aqui empreendidos permitem observar um avanço da proposta de Vigotski em relação à de Piaget, quando analisadas do ponto de vista da matriz epistemológica que sustenta o interacionismo: amplia-se, na perspectiva vigotskiana, a noção de "meio" que, de genérico e abstrato em Piaget, passa a ser encarado como social e historicamente contextualizado. Esse avanço se justifica, conforme já foi mencionado, a partir das origens paradigmáticas de cada autor, ou seja, dos fundamentos teórico-metodológicos que sustentam cada uma das concepções. Frente a essas constatações, é pertinente conjecturar que a relevância do social em uma perspectiva interacionista assume diferentes dimensões, a depender das bases filosóficas e epistemológicas que subsidiam e norteiam os princípios adotados em cada modelo teórico.

Tanto a obra de Vigotski como a de Piaget trouxeram contribuições de singular importância aos profissionais que se ocupam dos complexos processos de desenvolvimento e aprendizagem do ser humano. Entretanto, ao assumir um interacionismo pautado na dialética materialista, Vigotski e seus colaboradores abriram uma nova via de reflexão a respeito de como ocorre a constituição e o desenvolvimento do ser humano. Assim, ao salientar a importância das trocas sociais, ou seja, da interação entre sujeitos em um espaço histórica e socialmente determinado, deslocou-se o processo de conhecimento da ação individual para uma ação conjunta, cujo valor formativo dependerá da internalização das normas culturalmente valorizadas que regem tais interações.

Tendo em vista o objetivo que norteou a execução deste estudo, conclui-se que uma autêntica abordagem interacionista deve estar voltada prioritariamente para a relação, a interação entre indivíduo e meio. Isso significa tomar essa interação como o fator no e pelo qual se produzem a aprendizagem e o desenvolvimento. Quando analisados por esse prisma, esses dois processos, sem perder suas respectivas identidades, são inseparáveis. Desenvolvimento e aprendizagem condicionam-se mutuamente: o sujeito se constrói e se desenvolve à medida que interage socialmente, apropriando-se e recriando a cultura elaborada pelas gerações precedentes. As trocas sociais, que se dão com adultos ou companheiros mais experientes, incidem, por um lado, sobre os processos maturacionais que estão em via de realizar-se, completando-os. De outro lado, tais processos, por se completarem, propiciam condições para aprendizagens mais complexas, e assim sucessivamente. Nesse sentido, o papel do social no processo de construção do conhecimento é extremamente relevante: sua contribuição na constituição das funções superiores do pensamento é tão profunda e significativa quanto a que se atribui ao sujeito. De acordo com esse raciocínio, homem e sociedade compõem, de fato, uma totalidade, em cujo movimento dialético se produzem a aprendizagem e o desenvolvimento. Trata-se, portanto, de uma unidade, em que os dois polos se completam e se influenciam reciprocamente em uma situação de troca e complementaridade manifestada e concretizada por intermédio de interações sociais e históricas (e por isso em constante transformação) entre os homens e destes com a natureza.

Não se trata de assinalar todos os possíveis encontros e desencontros entre Piaget e Vigotski, no que se refere ao papel do social nos processos de desenvolvimento e aprendizagem. Pretende-se, isto sim, mostrar que, mesmo tratando-se de dois autores considerados interacionistas, eles desenvolveram leituras fundamentalmente divergentes dos mesmos processos. Portanto, ao tomar como parâmetro a abordagem interacionista como forma de promover o conhecimento, é necessário ter consciência de tais divergências teóricas que, se para alguns podem parecer insignificantes, são, na verdade, suficientes para produzir condutas pedagógicas muito distintas. Aliás, a percepção dessas divergências e especificidades de pensamentos que convivem dentro de uma mesma vertente teórica (o interacionismo) só pode ser alcançada por meio da compreensão de seus fundamentos epistemológicos – é o conhecimento aprofundado das bases filosóficas de cada teoria que permite a derivação de uma prática mais condizente com ela.

Admitindo que as análises de cunho teórico, em psicologia da educação, encaminham-se, direta ou indiretamente, no sentido de oferecer alternativas para uma atuação pedagógica que melhor responda à realidade socioeducacional do atual momento histórico, espera-se que esta discussão não termine aqui. Antes, deseja-se que ela prossiga nas reflexões de psicólogos, educadores e todos aqueles comprometidos com a construção de um novo homem em uma nova sociedade.

Referências bibliográficas

ANDERY, Maria Amália *et al. Para compreender a ciência*. Rio de Janeiro: Espaço e Tempo; São Paulo: Educ, 1988.

BERGSON, Henri. Separata de *Os Pensadores*. São Paulo: Abril Cultural, 1973, cap. 55, p. 745-54.

_____. "Introdução à metafísica". In: *Os Pensadores*, v. 38. São Paulo: Abril Cultural, 1974a.

_____. "O pensamento e o movente". In: *Os Pensadores*, v. 38. São Paulo: Abril Cultural, 1974b.

CHIAROTTINO, Zélia R. *Em busca do sentido da obra de Jean Piaget*. São Paulo: Ática, 1984.

_____. *Psicologia e epistemologia genética de Jean Piaget*. São Paulo: EPU, 1988.

COMTE, Auguste. "Curso de filosofia positiva". In: *Os Pensadores*, v. 33. São Paulo: Abril Cultural, 1973.

DAVID, Claudia *et al. O papel e o valor das interações sociais em sala de aula*. São Paulo, 1989 (mimeo).

DAVID, Claudia; OLIVEIRA, Zilma de M. Ramos. *Psicologia na educação*. São Paulo: Cortez, 1989.

DEMO, Pedro. *Metodologia científica em ciências sociais*. São Paulo: Atlas, 1981.

ENGELS, Friedrich. *A dialética da natureza*. Rio de Janeiro: Paz e Terra, 1979.

FRANCO, Maria Laura P. B. "Possibilidades e limites do trabalho enquanto princípio educativo". In: *Cadernos de Pesquisa da Fundação Carlos Chagas*, n. 68, 1989, p. 29-37.

_____. "Pressupostos epistemológicos da avaliação educacional". In: *Cadernos de Pesquisa da Fundação Carlos Chagas*, n. 74, 1990, p. 63-67.

FREITAG, Bárbara. *Piaget: encontros e desencontros*. Rio de Janeiro: Tempo Brasileiro, 1985.

_____. *Sociedade e consciência: um estudo piagetiano na favela e na escola*. São Paulo: Cortez, 1986.

FURTH, Hans. *Piaget e o conhecimento*. Rio de Janeiro: Forense Universitária, 1974.

GILES, Thomas R. *História do existencialismo e da fenomenologia*. São Paulo: EPU/Edusp, 1975.

KANT, Immanuel. "Crítica da razão pura". In: *Os Pensadores*, v. 25. São Paulo: Abril Cultural, 1983.

_____. "Prolegômenos". In: *Os Pensadores*, v. 2. São Paulo: Abril Cultural, 1984.

LEONTIEV, Alexis N. *Actividad, conciencia e personalidad*. Buenos Aires: Ciencias del Hombre, 1978a.

_____. *O desenvolvimento do psiquismo*. Lisboa: Horizonte Universitário, 1978b.

LEPARGNEUR, Hubert. *Introdução aos estruturalismos*. São Paulo: Herder, 1972.

LÉVI-STRAUSS, Claude. Seleção de textos. In: *Os Pensadores*, v. 50. São Paulo: Abril Cultural, 1976.

LURIA, Alexander. R. *Linguagem e desenvolvimento intelectual na criança*. Porto Alegre: Artes Médicas, 1985.

_____. *Pensamento e linguagem*. Porto Alegre: Artes Médicas, 1986.

LURIA, Alexander R. *et al. Psicologia e pedagogia*, v. 1. Lisboa: Editorial Estampa, 1977.

MACEDO, Lino de. "Os processos de equilibração majorante". In: *Ciência e Cultura*, v. 31, n. 10, SBPC, São Paulo, 1979, p. 1125-28.

MARX, Karl. "O 18 Brumário de Luis Bonaparte". In: *Os Pensadores*, v. 35. São Paulo: Abril Cultural, 1974.

_____. "Posfácio da segunda edição de *O capital*". In: *Os Economistas*. São Paulo: Abril Cultural, 1983.

_____. *O capital*, livro 1, v. 1. São Paulo: Difel, 1984.

_____. *A miséria da filosofia*. São Paulo: Global, 1985.

MARX, Karl; ENGELS, Friedrich. *A ideologia alemã*. São Paulo: Hucitec, 1987.

MEGAY, Joyce N. *Bergson et Proust: essai de mise au point de la question de l'influence de Bergson sur Proust*. Paris: Librairie Philosophique J. Vrin, 1976.

OLIVEIRA, Zilma de M. R. *Jogo de papéis: uma perspectiva para análise do desenvolvimento humano*. Tese (Doutorado em Psicologia) – Instituto de Psicologia, Universidade de São Paulo, São Paulo, 1988.

PALANGANA, Isilda C. *Desenvolvimento e aprendizagem em Piaget e Vygotsky: a relevância do social numa perspectiva interacionista.* Dissertação (Mestrado em Psicologia da Educação) – Pontifícia Universidade Católica de São Paulo, São Paulo, 1989.

PERRET-CLERMONT, Anne. *Desenvolvimento da inteligência e interação social.* Lisboa: Instituto Piaget, 1978.

PIAGET, Jean. *A linguagem e o pensamento da criança.* Rio de Janeiro: Fundo de Cultura, 1959.

_____. *Seis estudos de psicologia.* Rio de Janeiro: Forense, 1967.

_____. *Psicologia e pedagogia.* Rio de Janeiro: Forense, 1970.

_____. "Development and learning". In: NESS, Janes S. Van; PANCELLA, John R.; RATHS, James (orgs.). *Studying and teaching.* Nova Jersey: Prentice-Hall, 1971.

_____. *Biologia e conhecimento.* Petrópolis: Vozes, 1973.

_____. *A construção do real na criança.* Rio de Janeiro: Zahar, 1975.

_____. "Epistemologia genética". In: *Os Pensadores.* São Paulo: Abril Cultural, 1978a.

_____. *Fazer e compreender.* São Paulo: Melhoramentos/Edusp, 1978b.

_____. *O nascimento da inteligência na criança.* Rio de Janeiro: Zahar, 1978c.

_____. "Problemas de psicologia genética". In: *Os Pensadores.* São Paulo: Abril Cultural, 1978d.

_____. *Psicologia e epistemologia.* Rio de Janeiro: Forense Universitária, 1978e.

_____. "Sabedoria e ilusões da filosofia". In: *Os Pensadores.* São Paulo: Abril Cultural, 1978f.

_____. *O estruturalismo.* São Paulo: Difel, 1979.

_____. "Comentarios sobre las observaciones críticas de Vigotski". In: *Pensamiento y lenguage – Teoría del desarrolo cultural de las funciones psíquicas.* Buenos Aires: Pleiade, 1981, p. 199-215.

PIAGET, Jean; GRÉCO, Pierre. *Aprendizagem e conhecimento.* São Paulo: Freitas Bastos, 1974.

PIAGET, Jean; INHELDER, Bärbel. *A psicologia da criança.* São Paulo: Difel, 1986.

RAPPAPORT, Clara Regina *et al. Psicologia do desenvolvimento*, v. 4. São Paulo: EPU, 1981-82.

RUBINSTEIN, Sergey L. *Princípios de psicologia geral*, v. 1-2, 5-6. Lisboa: Editorial Estampa, 1972.

SIGUÁN, Miguel. *Actualidad de Lev S. Vygotsky.* Barcelona: Editorial del Hombre, 1987.

SILVA, Maurilio N. *A produção social da consciência*. Dissertação (Mestrado em Educação) – Faculdade de Educação, Universidade Estadual de Campinas, Campinas, São Paulo, 1986.

VIGOTSKI, Lev S. *Pensamento e linguagem*. São Paulo: Martins Fontes, 1987.

_____. *A formação social da mente*. São Paulo: Martins Fontes, 1988.

VIGOTSKI, Lev S. *et al. Linguagem, desenvolvimento e aprendizagem*. São Paulo: Ícone, 1988.